MW01088154

风从哪里来

WHERE DOES THE WIND BLOW?

and other essays

**READINGS IN
CHINESE
CULTURE SERIES**

VOLUME

4

ADVANCED LOW
第四册

Weijia Huang 黄伟嘉
Boston University

Qun Ao 敖群
**United States Military Academy,
West Point**

CHENG & TSUI COMPANY
Boston

Copyright © 2013 by Cheng & Tsui, Inc.

All rights reserved. No part of this publication may be reproduced or transmitted in any form or by any means, electronic or mechanical, including photocopying, recording, scanning, or any information storage or retrieval system, without written permission from the publisher.

16 15 14 13   1 2 3 4 5 6 7 8 9 10

First edition 2013

Published by
Cheng & Tsui Company, Inc.
25 West Street
Boston, MA 02111-1213 USA
Fax (617) 426-3669
www.cheng-tsui.com
"Bringing Asia to the World" ™

ISBN 978-0-88727-881-5

Library of Congress Cataloging-in-Publication Data
Library of Congress Cataloging-in-Publication Data is available for this title.

All logos and references mentioned in this textbook are used for identification purposes only and are the property of their respective owners.

Printed in the United States of America

✦ 目录 ✦
目錄

Contents

Preface

Despite the variety of Chinese textbooks available today, the need for a coherent sequence of reading materials, suitable for multiple levels of Chinese proficiency, remains. Cheng & Tsui Company recently invited us to develop such a series, starting from beginning Chinese and proceeding to advanced—a challenge we were delighted to meet.

This series of reading materials shall consist of five volumes, corresponding to five progressive levels of Chinese proficiency. Volume 1 is suitable for use by students in the second semester of their first year of Chinese study, or at the "Intermediate Low" level, according to ACTFL proficiency guidelines (please visit **www.actfl.org** for more information). Volumes 2 and 3 are designed for students in the first and second semesters, respectively, of their second year of study, or levels "Intermediate Mid" and "Intermediate High." Volumes 4 and 5 are appropriate for students in the first and second semesters, respectively, of third year Chinese: "Advanced Low" and "Advanced Mid."

Where Does the Wind Blow? is the fourth volume of this Cheng & Tsui Readings in Chinese Culture Series. It is intended for students in the first semester of a third-year Chinese course.

Each volume consists of ten lessons. The text of each lesson in the first three books is approximately 500 characters in length; for the final two books the essays are approximately 750 characters in length to suit students at a more advanced level. Each lesson has a list of approximately 30 new vocabulary items. The vocabulary lists were chosen based on popular, standard Chinese language textbooks, and selections were further solidified after field testing. Exercises are provided at the end of each lesson in a variety of formats: matching related words, multiple-choice questions, questions covering essay content, and discussion questions for oral practice. Answer keys and a vocabulary index can be found at the end of each volume.

To accommodate a diverse range of proficiency levels and learning practices, each lesson also includes a list of frequently used words and phrases that are similar in meaning to vocabulary items, or otherwise related to the essay. In an appendix at the back of this book, the full text of each essay is also provided in *pinyin*, together with simplified Chinese characters, in consideration of various language levels and teaching styles. Furthermore, each lesson's text, vocabulary, and exercises are printed on facing pages in both simplified and traditional characters. The answer keys and index also provide both character forms.

We wrote the essays in such a way that the prose not only conforms to standard Mandarin Chinese, but also retains a smooth and straightforward flow. To ensure that students continue to review previously learned material, later lessons incorporate grammar patterns and vocabulary words that appear in earlier lessons.

At present, many American high schools have begun to offer an Advanced Placement (AP®) Program in Chinese, and the AP® curriculum specifically emphasizes the need for students to understand and appreciate Chinese culture while studying the language. In preparing this series of reading materials, we made a concerted effort to ensure that linguistic practice is seamlessly integrated with the acquisition of cultural knowledge, so that students may understand both contemporary and historical Chinese culture through language learning. In order to accurately reflect both China's historical traditions and modern trends, all lessons that refer to classical stories include the original text along with its source. We also consulted various relevant materials and verified facts for all lessons that discuss present-day social issues.

We believe that students will find these compiled essays both intellectually stimulating and engaging. Our goal is that this series' lessons will help students broaden their linguistic range, stimulate their interest in learning Chinese, boost their reading comprehension level, and strengthen their understanding of Chinese culture.

We sincerely hope this series of reading materials will be of use to all students of Chinese—whether they are taking AP® Chinese language and culture courses in high school, are enrolled in Chinese language courses in college, or are studying Chinese independently.

We want to thank Cheng & Tsui Company for giving us the opportunity to create this series and for making many valuable suggestions. Our sincere thanks also go to Eavan Cully and Phoenix Tso of the Cheng & Tsui editorial department, for their great support and excellent work on this project. Our gratitude also extends to Mr. Jian He for his excellent illustrations in this volume.

Any comments or criticisms from teachers and students alike would be gladly welcomed. These insights would be invaluable for the improvement of future editions of this book. Please direct any feedback to: editor@cheng-tsui.com.

Weijia Huang and Qun Ao
January 2013
Boston

编写说明

　　现在用于课堂语法教学的中文教材很多，但是缺少合适的不同层次的系列阅读教材，波士顿剑桥出版社约我们编写一套从初级到高级的阅读教材，我们欣然应承了下来。

　　这套教材共五册，涵盖五个不同的阶段。第一册适用于一年级第二学期，按照美国外语教学委员会（ACTFL）的语言标准，大致属于中低级水平；第二册适用于二年级第一学期，属于中中级水平；第三册适用于二年级第二学期，属于中高级水平；第四册适用于三年级第一学期，属于高低级水平；第五册适用于三年级第二学期，属于高中级水平。本册《风从哪里来》是第四册。

　　每一册有十篇课文，前三册每篇课文500字左右，后两册每篇课文750字左右，每篇课文有30个生词。词汇的选用参考了常用的同等水平的汉语课本。每课后面有练习，练习包括词语连接，选择答

編寫說明

　　現在用於課堂語法教學的中文教材很多，但是缺少合適的不同層次的系列閱讀教材，波士頓劍橋出版社約我們編寫一套從初級到高級的閱讀教材，我們欣然應承了下來。

　　這套教材共五冊，涵蓋五個不同的階段。第一冊適用於一年級第二學期，按照美國外語教學委員會（ACTFL）的語言標准，大致屬於中低級水平；第二冊適用於二年級第一學期，屬於中中級水平；第三冊適用於二年級第二學期，屬於中高級水平；第四冊適用於三年級第一學期，屬於高低級水平；第五冊適用於三年級第二學期，屬於高中級水平。本冊《風從哪裏來》是第四冊。

　　每一冊有十篇課文，前三冊每篇課文500字左右，後兩冊每篇課文750字左右，每篇課文有30個生詞。詞匯的選用參考了常用的同等水平的漢語課本。每課後面有練習，練習包括詞語連接，選擇答案，思考讨论等形式。每册后面有练习答案和生词索引。

为了帮助学生阅读，书后面附有拼音课文；为了扩展学生的词汇量，课后面列有与课文内容相关的常用同类词语；为了照顾使用不同字体的学生，课文、生词、练习以及答案都采用繁简两种形式。为了让学生能够反复练习语法和词语，后面课文尽量重复前面课文的语法点和生词。

课本是学生学习的范本。虽然这是一套阅读教材，但我们编写时仍是如履薄冰，战战兢兢，丝毫不敢大意。我们力求做到每篇课文主题明确、内容生动；思路清晰、论述合理；而且特别注意用词规范、标点准确；语句通顺、行文流畅。其实这五十篇课文涵盖文化内容多、跨越难易幅度大，加之课文字数及生词量的限制，撰写起来并不容易。

现在美国的中学已经开始中文AP课程了，中文AP课程强调学生在学习中文的同时了解中国文化，我们在编写这套教材时就特别注重语言实践和文化体认相结合。

为了准确地表现中国传统文化和现代文化，我们在撰写课文时，凡是涉及到古文的都对照了原文，并且在课文后附录了原文，标明了出处；凡是阐述现代社会问题的都查阅了文献，核实了相关的信息，诸如年代、数字等等。

案，思考討論等形式。每冊後面有練習答案和生詞索引。

　　為了幫助學生閱讀，書後面附有拼音課文；為了擴展學生的詞匯量，課後面列有與課文內容相關的常用同類詞語；為了照顧使用不同字體的學生，課文、生詞、練習以及答案都采用繁簡兩種形式。為了讓學生能夠反複練習語法和詞語，後面課文盡量重複前面課文的語法點和生詞。

　　課本是學生學習的範本。雖然這是一套閱讀教材，但我們編寫時仍是如履薄冰，戰戰兢兢，絲毫不敢大意。我們力求做到每篇課文主題明確、內容生動；思路清晰、論述合理；而且特別注意用詞規範、標點准確；語句通順、行文流暢。其實這五十篇課文涵蓋文化內容多、跨越難易幅度大，加之課文字數及生詞量的限制，撰寫起來並不容易。

　　現在美國的中學已經開始中文AP課程了，中文AP課程強調學生在學習中文的同時了解中國文化，我們在編寫這套教材時就特別注重語言實踐和文化體認相結合。

　　為了准確地表現中國傳統文化和現代文化，我們在撰寫課文時，凡是涉及到古文的都對照了原文，並且在課文後附錄了原文，標明了出處；凡是闡述現代社會問題的都查閱了文獻，核實了相關的信息，諸如年代、數字等等。

本教材编写宗旨是：通过一系列知识性和趣味性的课文，开阔学生学习中文的空间；激发学生学习中文的兴趣；提高学生阅读中文的水平；增强学生理解中国文化的能力。我们希望这套系列阅读教材，对于参加中文AP课程的中学生和选修中文课的大学生以及自学中文的人都能有所帮助。

　　我们感谢波士顿剑桥出版社给我们这次机会编写这套教材，感谢 Eavan Cully 女士和 Phoenix Tso 女士为本书编辑做了大量的工作。我们还特别感谢何剑先生为本书绘制了一系列精美的插图。由于我们水平有限，错误之处还请老师和同学指正。

　　　　　　黄伟嘉　敖群 2013年1月于波士顿

本教材編寫宗旨是：通過一系列知識性和趣味性的課文，開闊學生學習中文的空間；激發學生學習中文的興趣；提高學生閱讀中文的水平；增強學生理解中國文化的能力。我們希望這套系列閱讀教材，對於參加中文AP課程的中學生和選修中文課的大學生以及自學中文的人都能有所幫助。

　　我們感謝波士頓劍橋出版社給我們這次機會編寫這套教材，感謝 Eavan Cully 女士和 Phoenix Tso 女士為本書編輯做了大量的工作。我們還特別感謝何劍先生為本書繪製了一系列精美的插圖。由於我們水平有限，錯誤之處還請老師和同學指正。

　　　　　　　黃偉嘉　敖群 2013年1月於波士頓

✦ 词类简称表 ✦
詞類簡稱表

Abbreviations of Parts of Speech

Part of Speech	English Definition	Simplified Characters	Traditional Characters	Pinyin
n.	noun	名词	名詞	míngcí
v.	verb	动词	動詞	dòngcí
aux.	auxiliary verb	助动词	助動詞	zhùdòngcí
vo.	verb-object	动宾词组	動宾詞组	dòngbīncízǔ
vc.	verb complement structure	动补结构	動補結構	dòngbǔjiégòu
adj.	adjective	形容词	形容詞	xíngróngcí
pn.	pronoun	代词	代詞	dàicí
m.	measure word	量词	量詞	liàngcí
num.	numeral	数词	數詞	shùcí
adv.	adverb	副词	副詞	fùcí
prep.	preposition	介词	介詞	jiècí
prep...o.	preposition-object	介词结构	介詞結構	jiècíjiégòu
conj.	conjunction	连词	連詞	liáncí
par.	particle	助词	助詞	zhùcí

Part of Speech	English Definition	Simplified Characters	Traditional Characters	Pinyin
int.	interjection	叹词	嘆詞	tàncí
id.	idioms	成语	成語	chéngyǔ
prn.	proper noun	专用名词	專用名詞	zhuànyòng míngcí
ce.	common expression	常用语	常用語	chángyòngyǔ

一

♦ 风从哪里来? ♦
♦ 風從哪裏來? ♦

Where Does the Wind Blow?

风 从哪里来？在回答这个问题之前，我们先要弄清楚什么是风。风和雨、雪一样，是一种自然现象，不过风看不见，摸不着，只有当风在我们面前吹过时，我们才能感觉到它的存在。风其实是流动的空气，流动的空气就是风。

空气为什么会流动呢？科学家说，空气跟水一样，是从压力高的地方往压力低的地方流动，空气流动就产生了风。流动慢的空气叫微风，流动快的叫大风，流动速度特别快的叫狂风或者叫飓风。每年夏季，台湾、福建和广东等沿海地区都会出现强烈的飓风，人们把这种季节性飓风叫做台风。

风是从哪里来的呢？两千多年前中国有位大文学家叫宋玉，他写过一篇文章叫《风赋》。他说风最初在平地上形成，从湖中水草尖儿上轻轻飘起，顺着山涧峡谷溜进大山深处，然后一路疾行，遇到山洞时它大声怒吼，遇到树林便恣意狂舞。文学家对风的描述和科学家不一样，字里行间充满着诗情画意。

人们喜欢风，但是不喜欢大风，更不喜欢飓风，因为飓风会带来灾害。刮飓风的时候，房屋被吹倒，树枝被刮断。还有一种破坏性很强的风叫龙卷风，它把地面上的灰土卷起来像一条龙似的冲向天空。龙卷风常常把大树连根拔起，把牛马卷到天上，把村庄夷为平地。

風從哪裏來？在回答這個問題之前，我們先要弄清楚什麼是風。風和雨、雪一樣，是一種自然現象，不過風看不見，摸不著，只有當風在我們面前吹過時，我們才能感覺到它的存在。風其實是流動的空氣，流動的空氣就是風。

空氣為什麼會流動呢？科學家說，空氣跟水一樣，是從壓力高的地方往壓力低的地方流動，空氣流動就產生了風。流動慢的空氣叫微風，流動快的叫大風，流動速度特別快的叫狂風或者叫颶風。每年夏季，臺灣、福建和廣東等沿海地區都會出現強烈的颶風，人們把這種季節性颶風叫做臺風。

風是從哪裏來的呢？兩千多年前中國有位大文學家叫宋玉，他寫過一篇文章叫《風賦》。他說風最初在平地上形成，從湖中水草尖兒上輕輕飄起，順著山澗峽谷溜進大山深處，然後一路疾行，遇到山洞時它大聲怒吼，遇到樹林便恣意狂舞。文學家對風的描述和科學家不一樣，字裏行間充滿著詩情畫意。

人們喜歡風，但是不喜歡大風，更不喜歡颶風，因為颶風會帶來災害。刮颶風的時候，房屋被吹倒，樹枝被刮斷。還有一種破壞性很強的風叫龍卷風，它把地面上的灰土卷起來像一條龍似的沖向天空。龍卷風常常把大樹連根拔起，把牛馬卷到天上，把村莊夷為平地。

人们最喜欢的是微风，微风能给人们带来一种清爽舒适的感觉，它可以吹去身上的燥热，可以吹走心中的烦恼。"风和日丽、风清月朗、风轻云淡"说的都是微风。即便是雨天，当人们用"和风细雨"来描述它时，你可以想象出那种烟雨蒙蒙的景色，你能体会到那种沁人心脾的感受。

　　风是大自然的产物，风给人类带来舒适，也带来灾难。很多年来人们一直在想方设法利用风的力量造福于人类。古时候人们发明了风车，利用风力汲水浇灌土地、碾磨谷物，现在人们利用风力发电，风力发电不需要很多投资，而且没有污染。

　　读到这里，我们知道了风是从哪里来的，也知道了风是怎么产生的，那么谁能告诉我，风是怎么消失的？消失的风又去哪儿了呢？

人們最喜歡的是微風，微風能給人們帶來一種清爽舒適的感覺，它可以吹去身上的燥熱，可以吹走心中的煩惱。“風和日麗、風清月朗、風輕雲淡”說的都是微風。即便是雨天，當人們用“和風細雨”來描述它時，你可以想象出那種煙雨蒙蒙的景色，你能體會到那種沁人心脾的感受。

　　風是大自然的產物，風給人類帶來舒適，也帶來災難。很多年來人們一直在想方設法利用風的力量造福於人類。古時候人們發明了風車，利用風力汲水澆灌土地、碾磨穀物，現在人們利用風力發電，風力發電不需要很多投資，而且沒有汙染。

　　讀到這裏，我們知道了風是從哪裏來的，也知道了風是怎麼產生的，那麼誰能告訴我，風是怎麼消失的？消失的風又去哪兒了呢？

New Vocabulary

	Simplified Characters	Traditional Characters	Pinyin	Part of Speech	English Definition
1.	自然	自然	zìrán	*adj.*	natural; nature
2.	现象	現象	xiànxiàng	*n.*	appearance (of things); phenomenon
3.	流动	流動	liúdòng	*v.*	flow; going from place to place
4.	压力	壓力	yālì	*n.*	pressure
5.	沿海	沿海	yánhǎi	*n.*	coastline
6.	季节性	季節性	jìjiéxìng	*adj.*	seasonal
7.	尖儿	尖兒	jiānr	*n.*	point; tip
8.	山涧	山澗	shānjiàn	*n.*	mountain stream
9.	峡谷	峽谷	xiágǔ	*n.*	gorge; canyon
10.	溜进	溜進	liūjìn	*v.*	slip into
11.	疾行	疾行	jíxíng	*v.*	gallop
12.	怒吼	怒吼	nùhǒu	*v.*	roar; howl
13.	恣意	恣意	zìyì	*adv.*	unscrupulous; reckless
14.	字里行间	字裏行間	zìlǐhángjiān	*id.*	between the lines

Simplified Characters	Traditional Characters	Pinyin	Part of Speech	English Definition
15. 诗情画意	詩情畫意	shīqíng-huàyì	id.	poetic charm; idyllic
16. 夷为平地	夷為平地	yíwéipíngdì	id.	raze to the ground; level
17. 清爽	清爽	qīngshuǎng	adj.	fresh and cool; relieved
18. 风和日丽	風和日麗	fēnghérìlì	id.	bright sunshine and a gentle breeze
19. 风清月朗	風清月朗	fēngqīng-yuèlǎng	id.	refreshing breeze and bright moon
20. 风轻云淡	風輕雲淡	fēngqīng-yúndàn	id.	gentle breeze and thin clouds
21. 和风细雨	和風細雨	héfēngxìyǔ	id.	gentle breeze and mild rain
22. 烟雨蒙蒙	煙雨蒙蒙	yānyǔ-méngméng	id.	misty and drizzly rain
23. 沁人心脾	沁人心脾	qìnrénxīnpí	id.	gladdening the heart and refreshing the mind
24. 造福	造福	zàofú	vo.	bring benefit to
25. 汲水	汲水	jíshuǐ	vo.	draw water
26. 浇灌	澆灌	jiāoguàn	v.	irrigate
27. 碾磨	碾磨	niǎnmó	v.	grind or husk grain or sth. with a millstone
28. 投资	投資	tóuzī	n.	invest; investment
29. 污染	汙染	wūrǎn	v.	pollute; contaminate
30. 消失	消失	xiāoshī	v.	disappear; vanish

	✦ 常用的有关风的词语 ✦
	◆ 常用的有關風的詞語 ◆

Commonly Used Related Words and Phrases

	Simplified Characters	Traditional Characters	Pinyin	Part of Speech	English Definition
1.	无风	無風	wúfēng	*adj.*	calm; breezeless
2.	软风	軟風	ruǎnfēng	*n.*	light air
3.	轻风	輕風	qīngfēng	*n.*	light breeze
4.	微风	微風	wēifēng	*n.*	gentle breeze
5.	和风	和風	héfēng	*n.*	moderate breeze
6.	劲风	勁風	jìnfēng	*n.*	strong wind
7.	强风	強風	qiángfēng	*n.*	strong breeze; fresh gale
8.	疾风	疾風	jífēng	*n.*	moderate gale
9.	大风	大風	dàfēng	*n.*	strong wind; fresh gale
10.	烈风	烈風	lièfēng	*n.*	strong gale
11.	狂风	狂風	kuángfēng	*n.*	windstorm; tempest
12.	暴风	暴風	bàofēng	*n.*	violent storm
13.	飓风	颶風	jùfēng	*n.*	hurricane
14.	龙卷风	龍捲風	lóngjuǎnfēng	*n.*	tornado; cyclone
15.	风速	風速	fēngsù	*n.*	wind speed; wind velocity

	Simplified Characters	Traditional Characters	Pinyin	Part of Speech	English Definition
16.	风向	風向	fēngxiàng	*n.*	wind direction
17.	风标	風標	fēngbiāo	*n.*	weather vane
18.	风力	風力	fēnglì	*n.*	wind force; wind power

风级表

Index of Wind Speeds

风力等级	名称	风速 (m/s)	(km/h)	陆地地面物象
0	无风	0.0–0.2	<1	静，烟直上。
1	软风	0.3–1.5	1–5	烟示风向，树叶略有摇动。
2	轻风	1.6–3.3	6–11	人的脸感觉有风，树叶有微响，旗子开始飘动。
3	微风	3.4–5.4	12–19	树叶和很细的树枝摇动不息，旗子展开。
4	和风	5.5–7.9	20–28	能吹起地面上的尘土和纸张，小树枝摇动。
5	劲风	8.0–10.7	29–38	有叶的小树摇摆，内陆的水面有小波。
6	强风	10.8–13.8	39–49	大树枝摇动，电线呼呼有声，举伞困难。
7	疾风	13.9–17.1	50–61	全树摇动，迎风步行感觉不便。
8	大风	17.2–20.7	62–74	折毁小树枝，迎风步行感到阻力很大。

風級表

Index of Wind Speeds

風力等級	名稱	風速 (m/s)	(km/h)	陸地地面物象
0	無風	0.0–0.2	<1	靜，煙直上。
1	軟風	0.3–1.5	1–5	煙示風向，樹葉略有搖動。
2	輕風	1.6–3.3	6–11	人的臉感覺有風，樹葉有微響，旗子開始飄動。
3	微風	3.4–5.4	12–19	樹葉和很細的樹枝搖動不息，旗子展開。
4	和風	5.5–7.9	20–28	能吹起地面上的塵土和紙張，小樹枝搖動。
5	勁風	8.0–10.7	29–38	有葉的小樹搖擺，內陸的水面有小波。
6	強風	10.8–13.8	39–49	大樹枝搖動，電線呼呼有聲，舉傘困難。
7	疾風	13.9–17.1	50–61	全樹搖動，迎風步行感覺不便。
8	大風	17.2–20.7	62–74	折毀小樹枝，迎風步行感到阻力很大。

风力等级	名称	风速 (m/s)	(km/h)	陆地地面物象
9	烈风	20.8–24.4	75–88	烟囱顶部和平瓦移动，小房子被破坏。
10	狂风	24.5–28.4	89–102	陆地上少见。能把树木拔起或把建筑物摧毁。
11	暴风	28.5–32.6	103–117	陆地很少见。有则必有严重灾害。
12	飓风	>32.6	>117	陆地上绝少见。摧毁力极大。

風力等級	名稱	風速 (m/s)	(km/h)	陸地地面物象
9	烈風	20.8–24.4	75–88	煙囪頂部和平瓦移動，小房子被破壞。
10	狂風	24.5–28.4	89–102	陸地上少見。能把樹木拔起或把建築物摧毀。
11	暴風	28.5–32.6	103–117	陸地很少見。有則必有嚴重災害。
12	颶風	>32.6	>117	陸地上絕少見。摧毀力極大。

练习
Exercises

一、连接意思相关的词语
Link the related words

. . . .

1. 感觉   浇灌

2. 速度   舒适

3. 飓风   污染

4. 峡谷   流动

5. 灰尘   灾害

6. 汲水   山涧

練習
Exercises

一、連接意思相關的詞語
Link the related words

....

1. 感覺   澆灌

2. 速度   舒適

3. 颶風   汙染

4. 峽谷   流動

5. 灰塵   災害

6. 汲水   山澗

二、选择合适的短语完成句子
Choose the most appropriate phrase to complete the sentence

1. 空气为什么会流动呢？科学家说，
   a. 空气跟水一样，从压力低的地方往压力高的地方流动。
   b. 空气跟水一样，从压力高的地方往压力低的地方流动。
   c. 空气跟水一样，从压力小的地方往压力大的地方流动。

2. 空气流动产生了风，
   a. 流动慢的叫微风，流动快的叫大风。
   b. 流动慢的叫大风，流动快的叫狂风。
   c. 流动慢的叫狂风，流动快的叫和风。

3. 文学家对风的描述和科学家不一样，
   a. 字里行间充满着清爽舒适。
   b. 字里行间充满着科学道理。
   c. 字里行间充满着诗情画意。

4. 人们喜欢微风，
   a. 微风给人们带来一种清爽舒适的感觉。
   b. 微风给人们带来一种诗情画意的感觉。
   c. 微风给人们带来一种烟雨蒙蒙的感觉。

二、選擇合適的短語完成句子

Choose the most appropriate phrase to complete the sentence

1. 空氣為什麼會流動呢？科學家說，
   a. 空氣跟水一樣，從壓力低的地方往壓力高的地方流動。
   b. 空氣跟水一樣，從壓力高的地方往壓力低的地方流動。
   c. 空氣跟水一樣，從壓力小的地方往壓力大的地方流動。

2. 空氣流動產生了風，
   a. 流動慢的叫微風，流動快的叫大風。
   b. 流動慢的叫大風，流動快的叫狂風。
   c. 流動慢的叫狂風，流動快的叫和風。

3. 文學家對風的描述和科學家不一樣，
   a. 字裏行間充滿著清爽舒適。
   b. 字裏行間充滿著科學道理。
   c. 字裏行間充滿著詩情畫意。

4. 人們喜歡微風，
   a. 微風給人們帶來一種清爽舒適的感覺。
   b. 微風給人們帶來一種詩情畫意的感覺。
   c. 微風給人們帶來一種煙雨蒙蒙的感覺。

三、找出正确的答案
Choose the correct answer

....

1. 下面哪一组词中的"和"，与"风和日丽、和风
细雨"的"和"意思相近？
    a. 缓和、平和、温和。
    b. 和睦、和好、和谐。
    c. 和声、和议、和约。

2. 人们为什么不喜欢飓风？
    a. 因为飓风卷起来的灰尘像一条龙。
    b. 因为飓风给人们带来很大的灾害。
    c. 因为飓风大声怒吼而且肆意狂舞。

3. 飓风和龙卷风有什么不同？
    a. 飓风把牛马卷到天空，把大树连根拔起；龙
    卷风把房屋吹倒，把树枝刮断。
    b. 飓风把树枝刮断，把牛马卷到天空；龙卷风
    把大树连根拔起，把房屋吹倒。
    c. 飓风把房屋吹倒，把树枝刮断；龙卷风把牛
    马卷到天空，把大树连根拔起。

4. 人们是怎么利用风力来造福人类的？
    a. 人们利用风力汲水浇灌和碾磨。
    b. 人们利用风力把大树连根拔起。
    c. 人们利用风力吹走心中的烦恼。

三、找出正確的答案
Choose the correct answer

1. 下面哪一組詞中的"和"，與"風和日麗、和風細雨"的"和"意思相近?
   a. 緩和、平和、溫和。
   b. 和睦、和好、和諧。
   c. 和聲、和議、和約。

2. 人們為什麼不喜歡颱風?
   a. 因為颱風卷起來的灰塵像一條龍。
   b. 因為颱風給人們帶來很大的災害。
   c. 因為颱風大聲怒吼而且肆意狂舞。

3. 颱風和龍卷風有什麼不同?
   a. 颱風把牛馬卷到天空，把大樹連根拔起；龍卷風把房屋吹倒，把樹枝刮斷。
   b. 颱風把樹枝刮斷，把牛馬卷到天空；龍卷風把大樹連根拔起，把房屋吹倒。
   c. 颱風把房屋吹倒，把樹枝刮斷；龍卷風把牛馬卷到天空，把大樹連根拔起。

4. 人們是怎麼利用風力來造福人類的?
   a. 人們利用風力汲水澆灌和碾磨。
   b. 人們利用風力把大樹連根拔起。
   c. 人們利用風力吹走心中的煩惱。

四、思考问题，说说你的看法
Think about the questions and talk about your perspective

1. 文学家和科学家对风的描写有什么不同？

2. 有人说他喜欢大风，因为大风能给人一种力量的感觉，你觉得呢？

3. 讲述一个你知道的飓风或者龙卷风造成灾害的事情。

四、思考問題，說說你的看法

Think about the questions and talk about your perspective

1. 文學家和科學家對風的描寫有什麼不同？

2. 有人說他喜歡大風，因為大風能給人一種力量的感覺，你覺得呢？

3. 講述一個你知道的颶風或者龍卷風造成災害的事情。

二

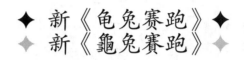

◆ 新《龟兔赛跑》◆
◆ 新《龜兔賽跑》◆

The New "Hare and Tortoise Race"

"龟兔赛跑"是来自古希腊的一个寓言。什么是寓言？寓言是用假托的故事或者自然物的拟人手法来说明某个道理或者教训。下面我们来看看"龟兔赛跑"这个寓言讲的是一个什么样的故事？它要说明一个什么样的道理？

"龟兔赛跑"是说有一天乌龟和兔子比赛谁跑得快，山这边是起点，山那边是终点。比赛的枪声一响，兔子就像箭一样地向前跑去；乌龟呢？也使劲地往前爬。一转眼的功夫兔子就跑到了山顶，它喘了口气，回头一看，咦，怎么不见乌龟呢？它往前看，没有啊！往后仔细一瞧，哦，乌龟还在山脚下慢吞吞地往上爬着呢！

兔子别提有多高兴了。哎，乌龟真是太慢了！今天风和日丽，天气这么好，干脆我先睡一觉，等乌龟爬到了这儿，我再跑也来得及，于是兔子就躺在路边草丛里睡着了。

乌龟一步一步地奋力地爬着，过了好久，乌龟终于到了山顶。它看了看正在睡觉的兔子，摇了摇头继续向前爬去。太阳快要落山了，乌龟快到终点了，这时候兔子被树上的喜鹊吵醒了，它坐起来一看，啊，乌龟快到终点了！兔子大吃一惊，拼命向山下冲去，可惜一切太晚了，乌龟得了第一名。

我们知道现实生活中乌龟和兔子是不可能赛跑的，人们用这个故事是想要说明这样一个道理：

"龜兔賽跑"是來自古希臘的一個寓言。什麼是寓言？寓言是用假托的故事或者自然物的擬人手法來說明某個道理或者教訓。下面我們來看看"龜兔賽跑"這個寓言講的是一個什麼樣的故事？它要說明一個什麼樣的道理？

"龜兔賽跑"是說有一天烏龜和兔子比賽誰跑得快，山這邊是起點，山那邊是終點。比賽的槍聲一響，兔子就像箭一樣地向前跑去；烏龜呢？也使勁地往前爬。一轉眼的功夫兔子就跑到了山頂，它喘了口氣，回頭一看，咦，怎麼不見烏龜呢？它往前看，沒有啊！往後仔細一瞧，哦，烏龜還在山腳下慢吞吞地往上爬著呢！

兔子別提有多高興了。哎，烏龜真是太慢了！今天風和日麗，天氣這麼好，乾脆我先睡一覺，等烏龜爬到了這兒，我再跑也來得及，於是兔子就躺在路邊草叢裏睡著了。

烏龜一步一步地奮力地爬著，過了好久，烏龜終於到了山頂。它看了看正在睡覺的兔子，搖了搖頭繼續向前爬去。太陽快要落山了，烏龜快到終點了，這時候兔子被樹上的喜鵲吵醒了，它坐起來一看，啊，烏龜快到終點了！兔子大吃一驚，拼命向山下沖去，可惜一切太晚了，烏龜得了第一名。

我們知道現實生活中烏龜和兔子是不可能賽跑的，人們用這個故事是想要說明這樣一個道理：

强者也需要努力，否则就会失败；弱者只要坚持下去，就有可能胜利。

　　"龟兔赛跑"的寓言流传了很多年之后，人们又编了一个新的"龟兔赛跑"故事，说乌龟和兔子的后代又进行了一场比赛，比赛前小乌龟和小兔子都牢牢地记住了自己的爷爷讲过无数遍的那场很早以前的比赛。

　　比赛的枪声响了，兔子又像箭一样地飞快地向前跑去，而乌龟则不紧不慢地往山上爬。不一会儿兔子就到了山顶。这一次它回头看了看远远落在后面的乌龟，继续向山下冲去。而小乌龟呢？它一边慢吞吞地爬着，一边不停地唠叨着爷爷的话：兔子一定要睡觉，兔子一定会睡觉，兔子一定在睡觉……。

　　这次比赛当然是兔子赢了，可是我不明白这个故事想说明一个什么样的道理呢？

強者也需要努力，否則就會失敗；弱者只要堅持下去，就有可能勝利。

　　"龜兔賽跑"的寓言流傳了很多年之後，人們又編了一個新的"龜兔賽跑"故事，說烏龜和兔子的後代又進行了一場比賽，比賽前小烏龜和小兔子都牢牢地記住了自己的爺爺講過無數遍的那場很早以前的比賽。

　　比賽的槍聲響了，兔子又像箭一樣地飛快地向前跑去，而烏龜則不緊不慢地往山上爬。不一會兒兔子就到了山頂。這一次它回頭看了看遠遠落在後面的烏龜，繼續向山下沖去。而小烏龜呢？它一邊慢吞吞地爬著，一邊不停地嘮叨著爺爺的話：兔子一定要睡覺，兔子一定會睡覺，兔子一定在睡覺……。

　　這次比賽當然是兔子贏了，可是我不明白這個故事想說明一個什麼樣的道理呢？

Simplified Characters	Traditional Characters	Pinyin	Part of Speech	English Definition
1. 希腊	希臘	Xīlà	n.	Greece
2. 寓言	寓言	yùyán	n.	fable; allegory; parable
3. 假托	假托	jiǎtuō	v.	on the pretext of; under somebody else's name
4. 拟人	擬人	nǐrén	n.	personification
5. 自然物	自然物	zìránwù	n.	natural beings
6. 手法	手法	shǒufǎ	n.	technique
7. 教训	教訓	jiàoxun	n.	lesson; moral
8. 使劲	使勁	shǐjìn	v.	exert all one's strength
9. 转眼	轉眼	zhuǎnyǎn	vo.	in the twinkling of an eye
10. 功夫	功夫	gōngfu	n.	time
11. 喘气	喘氣	chuǎnqì	v.	breathe heavily; gasp for breath
12. 咦	咦	yí	int.	(expressing surprise) well; why
13. 哦	哦	ó	int.	(expressing realization and understanding) oh; ah

	Simplified Characters	Traditional Characters	Pinyin	Part of Speech	English Definition
14.	慢吞吞	慢吞吞	màntūntūn	*adj.*	slow; sluggish
15.	哎	哎	āi	*int.*	(expressing surprise or disapproval) hey; look out; why
16.	别提	別提	biétí	*v.*	don't mention
17.	干脆	乾脆	gāncuì	*adj.*	clear-cut; straightforward
18.	来得及	來得及	láidejí	*v.*	be in time for something; there's still time
19.	草丛	草叢	cǎocóng	*n.*	thick growth of grass
20.	奋力	奮力	fènlì	*adv.*	do all one can; spare no effort
21.	可惜	可惜	kěxī	*adj.*	it's a pity; it's too bad
22.	现实	現實	xiànshí	*n.*	reality
23.	强者	強者	qiángzhě	*n.*	the strong
24.	否则	否則	fǒuzé	*conj.*	otherwise; if not; or else
25.	弱者	弱者	ruòzhě	*n.*	the weak
26.	失败	失敗	shībài	*v.*	be defeated; lose (a war, etc.)
27.	坚持	堅持	jiānchí	*v.*	persist in; uphold
28.	牢牢地	牢牢地	láoláode	*adv.*	firmly
29.	不紧不慢	不緊不慢	bùjǐn-búmàn	*adj.*	not in a hurry
30.	唠叨	嘮叨	láodao	*v.*	chatter; be garrulous

┌───┐
│   │
│   ✦ 中国古代寓言 ✦   │
│   ◆ 中國古代寓言 ◆   │
│   │
│   Ancient Chinese Parables   │
│   │
└───┘

Simplified Characters	Traditional Characters	Pinyin	English Definition
1. 鹬蚌相争， 渔翁得利	鷸蚌相爭， 漁人得利	yùbàng- xiāngzhēng, yúwēngdélì	When the sandpiper and the clam fight, the fisherman profits; it's the third party that benefits from the tussle. When two sides contend, it's always a third party that benefits. 《战国策》
2. 狐假虎威	狐假虎威	hújiǎhǔwēi	The fox assumes the tiger's danger (by walking in the latter's company); bully people by flaunting one's powerful connections. Assume someone else's authority as one's own. 《战国策》
3. 塞翁失马， 焉知非福	塞翁失馬， 焉知非福	sàiwēng- shīmǎ, yānzhīfēifú	When the old man on the frontier lost his mare, who could have guessed it was a blessing in disguise? A setback may turn out to be a blessing in disguise. 《淮南子》
4. 井底之蛙	井底之蛙	jǐngdǐzhīwā	a frog in a well. A person with a very limited outlook and experience. 《庄子》

✦《伊索寓言》✦
✦《伊索寓言》✦

Aesop's Fables

	Simplified Characters	Traditional Characters	Pinyin	English Definition
1.	风和太阳	風和太陽	fēng hé tàiyáng	The Wind and the Sun
2.	蔷薇与鸡冠花	薔薇與雞冠花	qiángwéiyǔ jī guànhuā	The Rose and Amaranth
3.	熊与朋友	熊與朋友	xióng yǔ péngyǒu	The Bear and the Two Travelers
4.	农夫与蛇	農夫與蛇	nóngfū yǔ shé	The Farmer and the Snake
5.	狼与小羊	狼與小羊	láng yǔ xiǎoyáng	The Wolf and the Lamb
6.	狼来了	狼來了	láng láile	The Boy Who Cried Wolf
7.	披着羊皮的狼	披著羊皮的狼	pīzhe yángpí de láng	The Wolf in Sheep's Clothing
8.	乌鸦喝水	烏鴉喝水	wūyā hē shuǐ	The Crow and the Pitcher
9.	狐狸和葡萄	狐狸和葡萄	húlí hé pútáo	The Fox and the Grapes
10.	狐狸和山羊	狐狸和山羊	húlí hé shānyáng	The Fox and the Goat
11.	兔子与狮子	兔子與獅子	tùzi yǔ shīzi	The Rabbit and the Lion
12.	蚊子与狮子	蚊子與獅子	wénzi yǔ shīzi	The Mosquito and the Lion

练习

Exercises

一、连接意思相关的词语
Link the related words

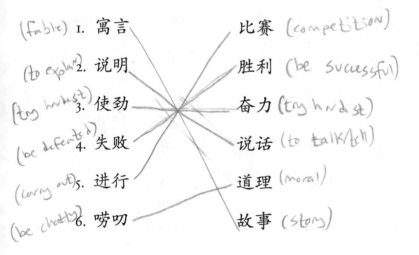

(fable) 1. 寓言　　　　　比赛 (competition)

(to explain) 2. 说明　　　　　胜利 (be successful)

(try hardest) 3. 使劲　　　　　奋力 (try hardest)

(be defeated) 4. 失败　　　　　说话 (to talk/tell)

(carry out) 5. 进行　　　　　道理 (moral)

(be chatty) 6. 唠叨　　　　　故事 (story)

<table>
<tr><td></td><td colspan="2"></td></tr>
</table>

練習

Exercises

一、連接意思相關的詞語

Link the related words

．．

1. 寓言   比賽

2. 說明   勝利

3. 使勁   奮力

4. 失敗   說話

5. 進行   道理

6. 嘮叨   故事

二、选择合适的短语完成句子

Choose the most appropriate phrase to complete the sentence

1. 乌龟和兔子赛跑的时候 *when they were racing:*
   a. 兔子就像箭一样地向山顶跑去。
   b. 乌龟一转眼功夫就跑到了山顶。
   c. 兔子慢吞吞地从山下往山顶爬。

2. 兔子看到乌龟爬得太慢了，于是就 *Hare saw turtle climbing really slow, he:*
   a. 和乌龟一起慢慢地往上爬。
   b. 躺在路边的草丛里睡觉了。
   c. 像箭一样地向山顶上跑去。

3. "龟兔赛跑"这个故事说明 *Story explains:*
   a. 乌龟有一天比兔子跑得快。
   b. 兔子总是要比乌龟跑得快。
   c. 强者也需要努力才能成功。

4. 兔子跑到山顶上时特别高兴， *Hare climbed to top, was especially pleased...*
   sun ↓ a. 因为兔子看到太阳快落山了。
   b. 因为兔子看到乌龟在后面爬。 *tortoise behind*
   c. 因为兔子看到乌龟正在睡觉。

二、選擇合適的短語完成句子

Choose the most appropriate phrase to complete the sentence

1. 烏龜和兔子賽跑的時候
    a. 兔子就像箭一樣地向山頂跑去。
    b. 烏龜一轉眼功夫就跑到了山頂。
    c. 兔子慢吞吞地從山下往山頂爬。

2. 兔子看到烏龜爬得太慢了，於是就
    a. 和烏龜一起慢慢地往上爬。
    b. 躺在路邊的草叢裏睡覺了。
    c. 像箭一樣地向山頂上跑去。

3. "龜兔賽跑"這個故事說明
    a. 烏龜有一天比兔子跑得快。
    b. 兔子總是要比烏龜跑得快。
    c. 強者也需要努力才能成功。

4. 兔子跑到山頂上時特別高興，
    a. 因為兔子看到太陽快落山了。
    b. 因為兔子看到烏龜在後面爬。
    c. 因為兔子看到烏龜正在睡覺。

三、找出正确的答案

Choose the correct answer

1. 什么是寓言? *what is a fable?*
   - a. 寓言是用拟人手法说明某个道理或者教训的。
   - b. 寓言是说弱者只要坚持下去有可能赢得胜利。
   - c. 寓言是说强者如果不努力就不可能赢得胜利。

2. 比赛的时候兔子为什么要在草丛中睡觉? *During race Hare why slept?*
   - a. 因为那天风和日丽,兔子觉得这是睡觉的好时候。 *Nice weather, thought good nap time*
   - b. 因为乌龟爬得很慢,兔子想睡一觉再跑也来得及。 *Tortoise climbing slowly, Hare thought could sleep then catch up*
   - c. 因为开始跑得太快,兔子觉得累了想要休息一下。 *Began too fast, very tired/wants to rest a bit*

3. 在第一个"龟兔赛跑"故事里乌龟是怎么爬的? *In first version How did turtle climb?*
   - a. 乌龟不紧不慢地往上爬。
   - b. 乌龟像箭一样地向前跑。
   - c. 乌龟一直奋力地向前爬。

4. 为什么在新的"龟兔赛跑"的故事里兔子赢了? *Why in New version of story did hare win?*
   - a. 因为这一次兔子跑得快。
   - b. 因为这一次兔子没睡觉。
   - c. 因为这一次乌龟睡觉了。

三、找出正確的答案
Choose the correct answer

....

1. 什麼是寓言？
    a. 寓言是用擬人手法說明某個道理或者教訓的。
    b. 寓言是說弱者只要堅持下去有可能贏得勝利。
    c. 寓言是說強者如果不努力就不可能贏得勝利。

2. 比賽的時候兔子為什麼要在草叢中睡覺？
    a. 因為那天風和日麗，兔子覺得這是睡覺的好時候。
    b. 因為烏龜爬得很慢，兔子想睡一覺再跑也來得及。
    c. 因為開始跑得太快，兔子覺得累了想要休息一下。

3. 在第一個"龜兔賽跑"故事裏烏龜是怎麼爬的？
    a. 烏龜不緊不慢地往上爬。
    b. 烏龜像箭一樣地向前跑。
    c. 烏龜一直奮力地向前爬。

4. 為什麼在新的"龜兔賽跑"的故事裡兔子贏了？
    a. 因為這一次兔子跑得快。
    b. 因為這一次兔子沒睡覺。
    c. 因為這一次烏龜睡覺了。

四、思考问题，说说你的看法

Think about the questions and talk about your perspective

1. 两个"龟兔赛跑"的故事有什么不同和相同的地方？ 2nd story has what not the same and same place?

2. 为什么小乌龟和小兔子的爷爷要给它们讲很早以前的那一场比赛？ Why small turtle / hare 's parents want to tell them about long ago race

3. 讲述一个你们国家的寓言故事。 relate one of your country's fable stories.

四、思考問題，說說你的看法
Think about the questions and talk about your perspective

1. 兩個"龜兔賽跑"的故事有什麼不同和相同的地方？

2. 為什麼小烏龜和小兔子的爺爺要給它們講很早以前的那一場比賽？

3. 講述一個你們國家的寓言故事。

三

◆ 什么是歇后语？ ◆
◆ 什麼是歇後語？ ◆

What Is a Two-Part Allegorical Saying?

歇后语是汉语的一种特殊语言形式，它像是一句话，可是分为两部分，前一部分是引子，后一部分是结果。因为前一部分是半句话，意思不明了，所以有人说歇后语的前一部分像谜面，后一部分是谜底。下面我们来看看两个常用的歇后语："竹篮打水——一场空"和"对牛弹琴——白费力"。

大家都知道用竹篮子打水，水会漏掉的，人们用"竹篮打水——一场空"比喻花费了时间和力气做一件事却没有效果。我们也知道对牛弹琴，牛是听不懂的，所以人们用"对牛弹琴——白费力"来表明做事情不看对象是徒劳的。

歇后语虽然由两部分组成，但是在说话人和听话人都明白的情况下，人们常常只说出前一部分，把后一部分让听话人自己去想。比如一个人说："这件事最终是竹篮打水。"那么对方就会明白这件事白费气力，劳而无功。

有的歇后语后一部分是一个多义词语，它的字面意思和前一部分相关联，但是它真正要表达的是另一个意思。例如："丈二和尚——摸不着头脑"，它字面意思是说一丈二尺高的金刚塑像太高了，摸不着他的头脑。但是"摸不着头脑"又是一个常用俗语，它的意思是"弄不清楚怎么一回事"。因此人们在说"丈二和尚——摸不着头

歇後語是漢語的一種特殊語言形式，它像是一句話，可是分為兩部分，前一部分是引子，後一部分是結果。因為前一部分是半句話，意思不明了，所以有人說歇後語的前一部分像謎面，後一部分是謎底。下面我們來看看兩個常用的歇後語："竹籃打水——一場空"和"對牛彈琴——白費力"。

大家都知道用竹籃子打水，水會漏掉的，人們用"竹籃打水——一場空"比喻花費了時間和力氣做一件事卻沒有效果。我們也知道對牛彈琴，牛是聽不懂的，所以人們用"對牛彈琴——白費力"來表明做事情不看對象是徒勞的。

歇後語雖然由兩部分組成，但是在說話人和聽話人都明白的情況下，人們常常只說出前一部分，把後一部分讓聽話人自己去想。比如一個人說："這件事最終是竹籃打水。"那麼對方就會明白這件事白費氣力，勞而無功。

有的歇後語後一部分是一個多義詞語，它的字面意思和前一部分相關聯，但是它真正要表達的是另一個意思。例如："丈二和尚——摸不著頭腦"，它字面意思是說一丈二尺高的金剛塑像太高了，摸不著他的頭腦。但是"摸不著頭腦"又是一個常用俗語，它的意思是"弄不清楚怎麼一回事"。因此人們在說"丈二和尚——摸不著頭脑"时，不是说真的摸不着和尚的头，而是在说"我不明白，我不清楚，我不知道是怎么一回事。"又如："芝麻开花——节节高"，它的含义不是讲芝麻成长的过程，而是借用芝麻开花后"节节高"的现象，比喻人的生活越来越好。使用歇后语是一种语言技巧，也是一种修辞手法。

歇后语的谜底有许多是谐音字。例如："小葱拌豆腐——一青（清）二白"，用"青色"的"青"指代"清楚"的"清"；"孔夫子搬家——净书（输）"，用"书本"的"书"指代"输赢"的"输"。

学习和掌握歇后语可以提高汉语水平，还可以了解很多中国文化知识，例如："丈二和尚——摸不着头脑"与佛教文化有关；"小葱拌豆腐——一青（清）二白"与饮食文化有关；"孔夫子搬家——净书（输）"与历史文化有关。

腦"時，不是說真的摸不著和尚的頭，而是在說"我不明白，我不清楚，我不知道是怎麼一回事。"又如："芝麻開花——節節高"，它的含義不是講芝麻成長的過程，而是借用芝麻開花後"節節高"的現象，比喻人的生活越來越好。使用歇後語是一種語言技巧，也是一種修辭手法。

歇後語的謎底有許多是諧音字。例如："小蔥拌豆腐——一青（清）二白"，用"青色"的"青"指代"清楚"的"清"；"孔夫子搬家——淨書（輸）"，用"書本"的"書"指代"輸贏"的"輸"。

學習和掌握歇後語可以提高漢語水平，還可以了解很多中國文化知識，例如："丈二和尚——摸不著頭腦"與佛教文化有關；"小蔥拌豆腐——一青（清）二白"與飲食文化有關；"孔夫子搬家——淨書（輸）"與歷史文化有關。

	Simplified Characters	Traditional Characters	Pinyin	Part of Speech	English Definition
1.	歇后语	歇後語	xiēhòuyǔ	n.	a two-part allegorical saying
2.	形式	形式	xíngshì	n.	form; shape
3.	引子	引子	yǐnzi	n.	introduction
4.	明了	明了	mínglião	v.	understand; be clear about
5.	谜面	謎面	mímiàn	n.	clue to a riddle
6.	谜底	謎底	mídǐ	n.	answer to a riddle
7.	对牛弹琴	對牛彈琴	duì niú-tánqín	id.	play the lute to a cow (choose the wrong audience)
8.	白费力	白費力	báifèilì	vo.	futile effort; fruitless labor
9.	漏掉	漏掉	lòudiào	v.	leak
10.	比喻	比喻	bǐyù	v.	compare; draw a parallel
11.	效果	效果	xiàoguǒ	n.	effect; result
12.	对象	對象	duìxiàng	n.	target; object

	Simplified Characters	Traditional Characters	Pinyin	Part of Speech	English Definition
13.	徒劳	徒勞	túláo	v.	labor fruitlessly; work in vain
14.	劳而无功	勞而無功	láoérwúgōng	id.	work hard but to no avail
15.	相关联	相關聯	xiāngguānlián	v.	be interrelated
16.	丈	丈	zhàng	n.	a unit of length (3.333 meters)
17.	和尚	和尚	héshàng	n.	Buddhist monk
18.	金刚	金剛	jīngāng	n.	Buddha's warrior attendant (referring to a monk)
19.	塑像	塑像	sùxiàng	n.	statue
20.	头脑	頭腦	tóunǎo	n.	head; brains
21.	俗语	俗語	súyǔ	n.	common saying; folk adage
22.	节	節	jié	n.	segment; joint; section
23.	过程	過程	guòchéng	n.	course; process
24.	技巧	技巧	jìqiǎo	n.	skill; technique
25.	修辞	修辭	xiūcí	n.	rhetoric
26.	指代	指代	zhǐdài	v.	refer to
27.	佛教	佛教	Fójiào	prn.	Buddhism
28.	谐音字	諧音字	xiéyīnzì	n.	homophone; homonym
29.	拌	拌	bàn	v.	mix
30.	掌握	掌握	zhǎngwò	v.	grasp; master

Commonly Used Related Words and Phrases

	Simplified Characters	Traditional Characters	Pinyin	English Definition
1.	竹篮打水 一场空	竹籃打水 一場空	zhúlándǎshuǐ yìchǎngkōng	draw water with a bamboo basket; all in vain
2.	丈二和尚 摸不着头脑	丈二和尚 摸不著頭腦	zhàngèrhéshàng mōbùzháo tóunǎo	unable to make head or tail of; feel puzzled
3.	芝麻开花 节节高	芝麻開花 節節高	zhīmákāihuā jiéjiégāo	rise joint by joint, like sesame flowers grow on the stem
4.	飞蛾扑火 自取灭亡	飛蛾撲火 自取滅亡	fēiépūhuǒ zìqǔmièwáng	to seek one's own doom like moths flying into the flames
5.	肉包子 打狗有去 没回	肉包子 打狗有去 沒回	ròubāozi dǎgǒu yǒuqù méihuí	hit a dog with a meat bun and the bun will not return
6.	小葱拌 豆腐一青 （清）二白	小蔥拌 豆腐一青 （清）二白	xiǎocōngbàn dòufu yīqīng èrbái	shallot mixed with bean curd, one green and one white (completely clear-cut)

Simplified Characters	Traditional Characters	Pinyin	English Definition
7. 孔夫子 搬家净 书（输）	孔夫子 搬家淨 書（輸）	Kǒngfūzǐ bānjiā jìng shū	When Confucius moves house, it's nothing but books (always lose)
8. 茶壶煮 饺子有嘴 倒（道） 不出	茶壶煮 餃子有嘴 倒（道） 不出	cháhúzhǔ jiǎozi yǒuzuǐ dào bùchū	boiling dumplings in a teapot; no way to get them out
9. 外甥打灯笼 照舅（旧）	外甥打燈籠 照舅（舊）	wàishēngdǎdēng lóng zhàojiù	the nephew carries a lantern to give light to his uncle (to stay the same as before)
10. 泥牛入海 无消息	泥牛入海 無消息	níniúrùhǎi wúxiāoxí	the clay oxen plunges into the sea and vanishes
11. 猫哭老鼠 假慈悲	貓哭老鼠 假慈悲	māokūlǎoshǔ jiǎcíbēi	a cat crying over a mouse's misfortune; sham mercy (crocodile tears)
12. 黄鼠狼给鸡 拜年 没安好心	黃鼠狼給雞 拜年 沒安好心	huángshǔláng gěi jībàinián méiānhǎoxīn	a weasel giving New Year's greetings to a hen has ulterior motives
13. 兔子尾巴 长不了	兔子尾巴 長不了	tùziwěibā chángbùliǎo	the tail of a rabbit can't grow long (won't last long)
14. 老虎屁股 摸不得	老虎屁股 摸不得	lǎohǔpìgǔ mōbùdé	a tiger whose backside no one dares to touch; not to be provoked

练习

Exercises

一、连接歇后语

Link the related words

1. 竹篮打水   节节高

2. 对牛弹琴   摸不着头脑

3. 芝麻开花   一青二白

4. 丈二和尚   白费力

5. 孔夫子搬家   一场空

6. 小葱拌豆腐   净书

練習

Exercises

一、連接歇後語
Link the related words
....

1. 竹籃打水　　　節節高

2. 對牛彈琴　　　摸不著頭腦

3. 芝麻開花　　　一青二白

4. 丈二和尚　　　白費力

5. 孔夫子搬家　　一場空

6. 小蔥拌豆腐　　淨書

二、选择合适的词语填空

Choose the most appropriate phrase to complete the sentence

1. 歇后语分为两部分，前一部分是引子，后一部分是结果。_____前一部分是半句话，意思不明了，_____有人说歇后语的前一部分像谜面，后一部分是谜底。
   a. 因为…所以…
   b. 虽然…但是…
   c. 不但…而且…

2. 歇后语_____由两部分组成，_____在说话人和听话人都明白的情况下，人们常常只说出前一部分，把后一部分让听话人自己去想。
   a. 因为…所以…
   b. 虽然…但是…
   c. 不但…而且…

3. "芝麻开花——节节高"这个歇后语的含义_____讲芝麻成长的过程，_____借用芝麻开花后"节节高"的现象，比喻人的生活越来越好。
   a. 不是…就是…
   b. 不是…但是…
   c. 不是…而是…

二、選擇合適的詞語填空

Choose the most appropriate phrase to complete the sentence

1. 歇後語分為兩部分，前一部分是引子，後一部分是結果。_____前一部分是半句話，意思不明了，_____有人說歇後語的前一部分像謎面，後一部分是謎底。
   - a. 因為…所以…
   - b. 雖然…但是…
   - c. 不但…而且…

2. 歇後語_____由兩部分組成，_____在說話人和聽話人都明白的情況下，人們常常只說出前一部分，把後一部分讓聽話人自己去想。
   - a. 因為…所以…
   - b. 雖然…但是…
   - c. 不但…而且…

3. "芝麻開花——節節高" 這個歇後語的含義_____講芝麻成長的過程，_____借用芝麻開花後 "節節高" 的現象，比喻人的生活越來越好。
   - a. 不是…就是…
   - b. 不是…但是…
   - c. 不是…而是…

4. 学习和掌握歇后语_____可以提高汉语水平，
_____还可以了解文化知识，例如："丈二
和尚——摸不着头脑"与佛教文化有关；"小葱
拌豆腐——一青（清）二白"与饮食文化有关。

    a. 不是…而是…

    b. 虽然…但是…

    c. 不但…而且…

三、找出正确的答案

Choose the correct answer

1. 歇后语是什么样的一种特殊语言形式？

    a. 歇后语前一部分是引子，后一部分是结果。

    b. 歇后语前一部分是原因，后一部分是结果。

    c. 歇后语前一部分是谜底，后一部分是谜面。

2. "摸不着头脑"这个俗语的真实含义是什么？

    a. 金刚塑像的头太高了。

    b. 弄不清楚怎么一回事。

    c. 不知道和尚在想什么。

4. 學習和掌握歇後語_____可以提高漢語水平，
   _____還可以了解文化知識，例如：“丈二
   和尚——摸不著頭腦”與佛教文化有關；“小蔥
   拌豆腐——一青（清）二白”與飲食文化有關。
   a. 不是…而是…
   b. 雖然…但是…
   c. 不但…而且…

三、找出正確的答案
Choose the correct answer

....

1. 歇後語是什麼樣的一種特殊語言形式？
   a. 歇後語前一部分是引子，後一部分是結果。
   b. 歇後語前一部分是原因，後一部分是結果。
   c. 歇後語前一部分是謎底，後一部分是謎面。

2. “摸不著頭腦”這個俗語的真實含義是什麼？
   a. 金剛塑像的頭太高了。
   b. 弄不清楚怎麼一回事。
   c. 不知道和尚在想什麼。

3. 为什么 "小葱拌豆腐——一青二白" 这个歇后语表示 "清楚" 的意思?

　　a. 因为 "青" 是 "清" 的多义字。

　　b. 因为 "青" 是 "清" 的同义字。

　　c. 因为 "青" 是 "清" 的谐音字。

4. 哪一个歇后语是比喻生活越来越好的?

　　a. 竹篮打水——一场空

　　b. 对牛弹琴——白费力

　　c. 芝麻开花——节节高

四、思考问题，说说你的看法

Think about the questions and talk about your perspective

1. 为什么说学习歇后语可以了解很多中国文化知识?

2. 为什么人们要用歇后语这种语言形式?

3. 你们国家有没有歇后语或者和歇后语相似的语言形式?

3. 為什麼 "小蔥拌豆腐——一青二白" 這個歇後語表示 "清楚" 的意思?
   a. 因為 "青" 是 "清" 的多義字。
   b. 因為 "青" 是 "清" 的同義字。
   c. 因為 "青" 是 "清" 的諧音字。

4. 哪一個歇後語是比喻生活越來越好的?
   a. 竹籃打水——一場空
   b. 對牛彈琴——白費力
   c. 芝麻開花——節節高

四、思考問題，說說你的看法
Think about the questions and talk about your perspective

1. 為什麼說學習歇後語可以了解很多中國文化知識?

2. 為什麼人們要用歇後語這種語言形式?

3. 你們國家有沒有歇後語或者和歇後語相似的語言形式?

四

◆ 对联种种 ◆
◆ 對聯種種 ◆

The Different Forms of Couplets

过春节的时候家家户户门上都贴上了充满喜庆的大红春联，一副副的春联把大街小巷点缀得喜气洋洋。

什么是春联？春联是对联的一种，是过春节时人们贴的对联。对联是什么？对联是一种文学形式，它是分开的两句话，前一句叫上联，后一句叫下联，不过这两句话必须字数相同、意思相关，而且要平仄和对仗。

平仄是说上下联的声调要和谐，上联是平声的，下联就要仄声。平声是一声和二声，仄声是三声和四声，一般来说，上联最后一个字是仄声，下联最后一个字是平声。对仗是说上下联的字义、词性和结构都要一一对应，上联的一个字是"天"，下联相对的字就是"地"。讲解对联的书上说："天对地，雨对风。大陆对长空。"对仗是对联的核心，不对仗的两个句子不是对联。

"爆竹一声除旧，桃符万户更新"是流传非常广泛的一副传统春联。这副春联平仄、对仗都特别工整，例如："爆竹"对"桃符"，"一声"对"万户"，"除旧"对"更新"，上联最后的"旧"字是仄声，下联最后的"新"字是平声。它的意思是说：大街小巷燃放鞭炮，送走旧岁；千家万户更换春联，迎来新年。

過春節的時候家家戶戶門上都貼上了充滿喜慶的大紅春聯，一副副的春聯把大街小巷點綴得喜氣洋洋。

什麼是春聯？春聯是對聯的一種，是過春節時人們貼的對聯。對聯是什麼？對聯是一種文學形式，它是分開的兩句話，前一句叫上聯，後一句叫下聯，不過這兩句話必須字數相同、意思相關，而且要平仄和對仗。

平仄是說上下聯的聲調要和諧，上聯是平聲的，下聯就要仄聲。平聲是一聲和二聲，仄聲是三聲和四聲，一般來說，上聯最後一個字是仄聲，下聯最後一個字是平聲。對仗是說上下聯的字義、詞性和結構都要一一對應，上聯的一個字是"天"，下聯相對的字就是"地"。講解對聯的書上說："天對地，雨對風。大陸對長空。"對仗是對聯的核心，不對仗的兩個句子不是對聯。

"爆竹一聲除舊，桃符萬戶更新"是流傳非常廣泛的一副傳統春聯。這副春聯平仄、對仗都特別工整，例如："爆竹"對"桃符"，"一聲"對"萬戶"，"除舊"對"更新"，上聯最後的"舊"字是仄聲，下聯最後的"新"字是平聲。它的意思是說：大街小巷燃放鞭炮，送走舊歲；千家萬戶更換春聯，迎來新年。

"桃符"是什么？桃符在这里指代春联。桃符原本是一对画有门神或者写有门神名字的桃木板。很早以前人们过春节时把它挂在大门两旁用来驱鬼辟邪，后来有人在桃符上写上庆祝新春的吉祥诗句，于是就形成了最早的春联。

除了春联，还有喜联、挽联和楹联。喜联是新人结婚时表示祝福的对联，例如："夫妻相爱白头老，家庭和睦幸福多"。挽联是老人去世时表示哀悼的对联，例如："一生行好事，千古留芳名"。楹联是指雕刻在庙宇、园林和官府楹柱上的对联。

楹联的内容包罗万象，有描写山川风光的，有述说世态炎凉的，有表明人生志向的。

中国寺庙大都供奉有一尊笑口常开的大肚弥勒佛塑像，塑像前的楹柱上有一副对联："大肚能容，容天下难容之事；开口便笑，笑世间可笑之人"。你知道这副对联的含义吗？

"桃符"是什麼？桃符在這裏指代春聯。桃符原本是一對畫有門神或者寫有門神名字的桃木板。很早以前人們過春節時把它掛在大門兩旁用來驅鬼辟邪，後來有人在桃符上寫上慶祝新春的吉祥詩句，於是就形成了最早的春聯。

　　除了春聯，還有喜聯、挽聯和楹聯。喜聯是新人結婚時表示祝福的對聯，例如："夫妻相愛白頭老，家庭和睦幸福多"。挽聯是老人去世時表示哀悼的對聯，例如："一生行好事，千古留芳名"。楹聯是指雕刻在廟宇、園林和官府楹柱上的對聯。

　　楹聯的內容包羅萬象，有描寫山川風光的，有述說世態炎涼的，有表明人生志向的。

　　中國寺廟大都供奉有一尊笑口常開的大肚彌勒佛塑像，塑像前的楹柱上有一副對聯："大肚能容，容天下難容之事；開口便笑，笑世間可笑之人"。你知道這副對聯的含義嗎？

New Vocabulary

	Simplified Characters	Traditional Characters	Pinyin	Part of Speech	English Definition
1.	充满	充滿	chōngmǎn	v.	be full of; be brimming with
2.	点缀	點綴	diǎnzhuì	v.	embellish; ornament
3.	对联	對聯	duìlián	n.	antithetical couplet (written on scrolls, etc.)
4.	相关	相關	xiāngguān	v.	be interrelated
5.	平仄	平仄	píngzè	n.	tonal patterns in classical Chinese poetry
6.	对仗	對仗	duìzhàng	n.	a matching of both sound and sense in two lines
7.	和谐	和諧	héxié	adj.	harmonious
8.	结构	結構	jiégòu	n.	structure; composition
9.	对应	對應	duìyìng	v.	correspond; reciprocate
10.	核心	核心	héxīn	n.	nucleus; core
11.	爆竹	爆竹	bàozhú	n.	firecracker
12.	除旧	除舊	chújiù	vo.	get rid of the old

	Simplified Characters	Traditional Characters	Pinyin	Part of Speech	English Definition
13.	桃符	桃符	táofú	n.	peach wood charms against evil hung on the gate on lunar New Year's Eve in ancient times
14.	更新	更新	gēngxīn	v.	replace the old with the new; renew
15.	工整	工整	gōngzhěng	adj.	carefully and neatly done
16.	门神	門神	mén shén	n.	door-god
17.	驱鬼辟邪	驅鬼辟邪	qūguǐbìxié	id.	expel ghosts and exorcise evil spirits
18.	挽联	挽聯	wǎnlián	n.	elegiac couplet; funeral scrolls
19.	楹联	楹聯	yínglián	n.	couplet written on scrolls and hung on the pillars of a hall
20.	哀悼	哀悼	āidào	v.	grieve over sb.'s death
21.	庙宇	廟宇	miàoyǔ	n.	temple
22.	园林	園林	yuánlín	n.	gardens
23.	官府	官府	guānfǔ	n.	local authorities; feudal officials
24.	楹柱	楹柱	yíngzhù	n.	principal columns of a hall
25.	包罗万象	包羅萬象	bāoluó-wànxiàng	id.	all-embracing; all-inclusive
26.	世态炎凉	世態炎涼	shìtài-yánliáng	id.	fickle or snobbish ways of the world

一 丿 凵 丶
1　2　3　4

Simplified Characters	Traditional Characters	Pinyin	Part of Speech	English Definition
27. 人生志向	人生志向	rénshēng-zhìxiàng	n.	people's aspirations or ambitions
28. 供奉	供奉	gòngfèng	v.	enshrine and worship; consecrate
29. 弥勒佛	彌勒佛	Mílèfó	prn.	Maitreya Buddha
30. 容	容	róng	v.	contain; tolerate

平仄 píngzé　tones → 平声 = 1/2 tones

↘ 仄声 = 3/4 tones

押 韵 yāyùn rhymes

对 仗 duìzhàng meanings

常用对联
常用對聯

Commonly Used Couplets

春联:

1. 爆竹两三声，人间换岁；梅花四五点，天下皆春
   爆竹兩三聲，人間換歲；梅花四五點，天下皆春
   bàozhúliǎngsānshēng, rénjiānhuànsuì; méihuāsìwǔdiǎn,
   tiānxiàjiēchūn

2. 天增岁月人增寿，春满乾坤福满门
   天增歲月人增壽，春滿乾坤福滿門
   tiānzēngsuìyuèrénzēngshòu, chūnmǎnqiánkūnfúmǎnmén

喜联:

3. 何必门当户对，但求道合志同
   何必門當戶對，但求道合志同
   hébìméndānghùduì, dànqiúdàohézhìtóng

4. 海枯石烂同心永结，地阔天高比翼齐飞
   海枯石爛同心永結，地闊天高比翼齊飛
   hǎikūshílàntóngxīnyǒngjié, dìkuòtiāngāobǐyìqífēi

挽联：

5. 寿终德望在，身去音容存
   壽終德望在，身去音容存
   shòuzhōngdéwàngzài, shēnqùyīnróngcún

6. 仿佛音容犹如梦，依稀笑语痛伤心
   仿佛音容猶如夢，依稀笑語痛傷心
   fǎngfóyīnróngyóurúmèng, yīxīxiàoyǔtòngshāngxīn

楹联：

7. 松叶竹叶叶叶翠，秋声雁声声声寒
   松葉竹葉葉葉翠，秋聲雁聲聲聲寒
   sōngyèzhúyèyèyècuì, qiūshēngyànshēngshēngshēnghán

8. 水车车水水随车，车停水止；
   风扇扇风风出扇，扇动风生
   水車車水水隨車，車停水止；
   風扇扇風風出扇，扇動風生
   shuǐchēchēshuǐshuǐsuíchē, chētíngshuǐzhǐ;
   fēngshànshànfēngfēngchūshàn, shàndòngfēngshēng

9. 风声雨声读书声，声声入耳；
   家事国事天下事，事事关心
   風聲雨聲讀書聲，聲聲入耳；
   家事國事天下事，事事關心
   fēngshēngyǔshēngdúshūshēng, shēngshēngrùěr;
   jiāshìguóshìtiānxiàshì, shìshìguānxīn

练习

Exercises

一、连接意思相关的词语

Link the related words

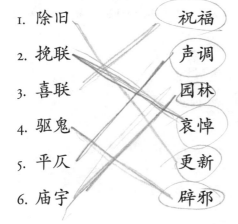

1. 除旧　　　　祝福
2. 挽联　　　　声调
3. 喜联　　　　园林
4. 驱鬼　　　　哀悼
5. 平仄　　　　更新
6. 庙宇　　　　辟邪

練習
Exercises

一、連接意思相關的詞語
Link the related words

....

1.	除舊	祝福
2.	挽聯	聲調
3.	喜聯	園林
4.	驅鬼	哀悼
5.	平仄	更新
6.	廟宇	辟邪

二、选择合适的词语填空

Choose the most appropriate phrase to complete the sentence

1. 平仄是说上下联的声调要和谐。平声是一声和二声，仄声是三声和四声，_____，上联最后一个字是仄声，下联最后一个字是平声。

   a. 总的来说

   b. 相对来说

   c. 一般来说

2. "爆竹一声除旧，桃符万户更新"_____，大街小巷燃放鞭炮，送走旧岁；千家万户更换春联，迎来新年。

   a. 一般来说 ~generally speaking~

   b. 意思是说 ~meaning is~

   c. 总的来说 ~mainly speaking~

3. 桃符是一对画有门神或者写有门神名字的桃木板，过春节时人们把它挂在大门两旁用来驱鬼辟邪。_____有人在桃符上写上庆祝新春的吉祥诗句，_____就变成了春联。

   a. 后来…于是… ~after… so~

   b. 以后…因为… ~after… because~

   c. 然后…因此… ~after… so~

二、選擇合適的詞語填空
Choose the most appropriate phrase to complete the sentence

1. 平仄是說上下聯的聲調要和諧。平聲是一聲和二聲，仄聲是三聲和四聲，_____，上聯最後一個字是仄聲，下聯最後一個字是平聲。

   a. 總的來說
   b. 相對來說
   c. 一般來說

2. "爆竹一聲除舊，桃符萬戶更新"_____，大街小巷燃放鞭炮，送走舊歲；千家萬戶更換春聯，迎來新年。

   a. 一般來說
   b. 意思是說
   c. 總的來說

3. 桃符是一對畫有門神或者寫有門神名字的桃木板，過春節時人們把它掛在大門兩旁用來驅鬼辟邪。_____有人在桃符上寫上慶祝新春的吉祥詩句，_____就變成了春聯。

   a. 後來…於是…
   b. 以後…因為…
   c. 然後…因此…

4. 楹联是雕刻在庙宇、园林和官府楹柱上的对联。
   楹联的内容包罗万象，_____描写山川风光的，
   _____述说世态炎凉的，_____表明人生志向
   的。
      a. 有…有…有…
      b. 在…在…在…
      c. 是…是…是…

三、找出正确的答案
Choose the correct answer

1. 什么是对联？
      a. 字数相同、意思相关，而且有引子和结果的
        两句话。
      b. 字数相同、意思相关，而且有谜面和谜底的
        两句话。
      c. 字数相同、意思相关，而且要平仄和对仗的
        两句话。
2. 什么时候"桃符"开始变成春联的？
      a. 过春节时在"桃符"上画上鬼神的名字。
      b. 过春节时在"桃符"上写上吉祥的诗句。
      c. 过春节时在"桃符"上画上鬼神的画像。

4. 楹聯是雕刻在廟宇、園林和官府楹柱上的對聯。
   楹聯的內容包羅萬象，_____描寫山川風光的，
   _____述說世態炎涼的，_____表明人生志向
   的。
      a. 有…有…有…
      b. 在…在…在…
      c. 是…是…是…

三、找出正確的答案
Choose the correct answer

1. 什麼是對聯？
      a. 字數相同、意思相關，而且有引子和結果的
        兩句話。
      b. 字數相同、意思相關，而且有謎面和謎底的
        兩句話。
      c. 字數相同、意思相關，而且要平仄和對仗的
        兩句話。

2. 什麼時候"桃符"開始變成春聯的？
      a. 過春節時在"桃符"上畫上鬼神的名字。
      b. 過春節時在"桃符"上寫上吉祥的詩句。
      c. 過春節時在"桃符"上畫上鬼神的畫像。

3. 为什么中国很多庙宇都供奉弥勒佛的塑像？
   a. 因为他告诉人们要宽容和乐观。
   b. 因为他的大肚子看起来很好玩。
   c. 因为他笑口常开看起来很可爱。

4. 喜联是什么？
   a. 是新人结婚时表示祝福的对联。
   b. 是老人去世时表示哀悼的对联。
   c. 是春节到来时表示喜庆的对联。

四、思考问题，说说你的看法

Think about the questions and talk about your perspective

1. 对联和诗词有什么不同？

2. 为什么要写春联、喜联、挽联、楹联？

3. 你的国家有没有对联或者和对联相似的文学形式？

3. 為什麼中國很多廟宇都供奉彌勒佛的塑像?
    a. 因為他告訴人們要寬容和樂觀。
    b. 因為他的大肚子看起來很好玩。
    c. 因為他笑口常開看起來很可愛。

4. 喜聯是什麼?
    a. 是新人結婚時表示祝福的對聯。
    b. 是老人去世時表示哀悼的對聯。
    c. 是春節到來時表示喜慶的對聯。

四、思考問題,說說你的看法

Think about the questions and talk about your perspective

1. 對聯和詩詞有什麼不同?

2. 為什麼要寫春聯、喜聯、挽聯、楹聯?

3. 你的國家有沒有對聯或者和對聯相似的文學形式?

五

◆ 汉字的产生 ◆
◆ 漢字的産生 ◆

The Story of Chinese Characters

汉字什么时候产生的？是怎么产生的？学习汉语的人常常会问这个问题。可是到目前为止，没有人能够确切地知道汉字是什么时候产生的，即便是文字学家也只能做一个大致的推测，他们推测汉字大约产生于四千年前。

汉字作为一种文字体系从原始萌芽状态到成熟需要一段相当长的时间。人们在西安半坡村六千多年前的陶器上发现了一些刻画符号，在山东陵阳河四千多年前的陶器上发现了几个象形符号，有人说它们是文字，或者是早期文字；也有人说它们只是简单的符号，不是真正的文字。

现在人们普遍认为河南安阳小屯村出土的三千多年前刻写在龟甲和兽骨上的甲骨文是迄今发现的最早的文字。甲骨文是一个已经成熟的、有系统的文字，它的词汇、语法以及字形结构和现代汉字基本一致。因为成熟的文字需要一个成长过程，所以人们推测汉字的产生的时间大约是在四千年前。

文字是怎么产生的呢？历史上有不同的说法。有人说文字产生于结绳，结绳就是在绳子上打结记事，文字产生之前人们用这种方法记录事情，后来演变成了文字；也有人说文字产生于刻画，远古时期人们在木板或竹片上刻画一些符号来记录事情，刻画最后演变为文字。

漢字什麼時候產生的？是怎麼產生的？學習漢語的人常常會問這個問題。可是到目前為止，沒有人能夠確切地知道漢字是什麼時候產生的，即便是文字學家也只能做一個大致的推測，他們推測漢字大約產生於四千年前。

漢字作為一種文字體系從原始萌芽狀態到成熟需要一段相當長的時間。人們在西安半坡村六千多年前的陶器上發現了一些刻畫符號，在山東陵陽河四千多年前的陶器上發現了幾個象形符號，有人說它們是文字，或者是早期文字；也有人說它們只是簡單的符號，不是真正的文字。

現在人們普遍認為河南安陽小屯村出土的三千多年前刻寫在龜甲和獸骨上的甲骨文是迄今發現的最早的文字。甲骨文是一個已經成熟的、有系統的文字，它的詞匯、語法以及字形結構和現代漢字基本一致。因為成熟的文字需要一個成長過程，所以人們推測漢字的產生的時間大約是在四千年前。

文字是怎麼產生的呢？歷史上有不同的說法。有人說文字產生於結繩，結繩就是在繩子上打結記事，文字產生之前人們用這種方法記錄事情，後來演變成了文字；也有人說文字產生於刻畫，遠古時期人們在木板或竹片上刻畫一些符號來記錄事情，刻畫最後演變為文字。

还有人说汉字是一个叫仓颉的人创造的，仓颉是黄帝的史官，长着四只眼睛。他看见鸟兽的脚印，知道从不同的脚印上可以分辨出不同的动物，于是创造了文字。史书上说仓颉造字的时候，天上下粮食，鬼在夜里啼哭。

　　其实，汉字是由图画演变而成的，最早的时候人们是用画画儿来表示某个事物的，例如："日"字画成太阳的样子，"月"字画成半个月亮的样子，"人"画成人的形状，"木"画成树的形状。后来人们又把一些字合起来表示一个新的意思，例如："日、月"合起来写做"明"，表示明亮；"人、木"合起来写做"休"，表示人在树下休息。虽然现代汉字和古汉字相比，形体上有了很大的变化，但是我们还是能从"口、山、刀、林"等字中看到古人图画造字的痕迹的。

還有人說漢字是一個叫倉頡的人創造的，倉頡是黃帝的史官，長著四只眼睛。他看見鳥獸的腳印，知道從不同的腳印上可以分辨出不同的動物，於是創造了文字。史書上說倉頡造字的時候，天上下糧食，鬼在夜裏啼哭。

　　其實，漢字是由圖畫演變而成的，最早的時候人們是用畫畫兒來表示某個事物的，例如："日"字畫成太陽的樣子，"月"字畫成半個月亮的樣子，"人"畫成人的形狀，"木"畫成樹的形狀。後來人們又把一些字合起來表示一個新的意思，例如："日、月"合起來寫做"明"，表示明亮；"人、木"合起來寫做"休"，表示人在樹下休息。雖然現代漢字和古漢字相比，形體上有了很大的變化，但是我們還是能從"口、山、刀、林"等字中看到古人圖畫造字的痕跡的。

New Vocabulary

	Simplified Characters	Traditional Characters	Pinyin	Part of Speech	English Definition
1.	确切	確切	quèqiè	*adj.*	exact; precise
2.	即便	即便	jíbiàn	*conj.*	even; even if
3.	大致	大致	dàzhì	*adv.*	roughly; approximately
4.	推测	推測	tuīcè	*v.*	conjecture; guess
5.	体系	體系	tǐxì	*n.*	system
6.	原始	原始	yuánshǐ	*adj.*	original; firsthand
7.	萌芽	萌芽	méngyá	*n.*	sprout
8.	状态	狀態	zhuàngtài	*n.*	state; condition
9.	成熟	成熟	chéngshú	*v.*	ripen; mature
10.	相当	相當	xiāngdāng	*adv.*	quite
11.	陶器	陶器	táoqì	*n.*	pottery; earthenware
12.	刻画	刻畫	kèhuà	*v.*	engrave or draw
13.	符号	符號	fúhào	*n.*	symbol; mark
14.	象形	象形	xiàngxíng	*n.*	pictographic characters or pictographs
15.	普遍	普遍	pǔbiàn	*adj.*	universal; general

	Simplified Characters	Traditional Characters	Pinyin	Part of Speech	English Definition
16.	出土	出土	chūtǔ	v.	(of antiques) be unearthed; be excavated
17.	龟甲	龜甲	guījiǎ	n.	tortoise-shell
18.	兽骨	獸骨	shòugǔ	n.	animal bones
19.	迄今	迄今	qìjīn	adv.	up to now; to this day
20.	系统	系統	xìtǒng	n.	system
21.	结绳	結繩	jiéshéng	vo.	tie knots
22.	打结	打結	dǎjié	vo.	tie a knot
23.	记录	記錄	jìlù	v.	record
24.	演变	演變	yǎnbiàn	v.	develop; evolve
25.	创造	創造	chuàngzào	v.	create; produce
26.	史官	史官	shǐguān	n.	official historian; historiographer
27.	分辨	分辨	fēnbiàn	v.	distinguish; differentiate
28.	啼哭	啼哭	tíkū	v.	cry; wail
29.	事物	事物	shìwù	n.	thing; object
30.	痕迹	痕跡	hénjì	n.	mark; trace

人名：

	Simplified Characters	Traditional Characters	Pinyin	Part of Speech	English Definition
1.	仓颉	倉頡	Cāngjié	prn.	personal name. Cangjie was the official historian during the reign of the Yellow Emperor
2.	黄帝	黃帝	Huángdì	prn.	Legendary Chinese Emperor (2698-2598 B.C.E.)

Commonly Used Related Words and Phrases

Simplified Characters	Traditional Characters	Pinyin	English Definition
1. 甲骨文	甲骨文	jiǎgǔwén	inscriptions on bones or tortoise shells of the Shang Dynasty (1600–1046 B.C.E.)
2. 铜器铭文	銅器銘文	tóngqì-míngwén	inscriptions on ancient bronze objects
3. 战国文字	戰國文字	zhànguó-wénzì	characters of the Warring States period (475–221 B.C.E.)
4. 六国文字	六國文字	liùguó-wénzì	characters from the six states of the Warring States period (475–221 B.C.E.)
5. 籀文	籀文	zhòuwén	an ancient style of calligraphy, used in the Zhou Dynasty (1046–256 B.C.E.)
6. 大篆	大篆	dàzhuàn	an ancient style of calligraphy, used in the Zhou Dynasty (1046–256 B.C.E.)
7. 小篆	小篆	xiǎozhuàn	an ancient style of calligraphy, adopted in the Qin Dynasty (221–207 B.C.E.) for the purpose of standardizing the script

Simplified Characters	Traditional Characters	Pinyin	English Definition
8. 篆书	篆書	zhuànshū	seal script; the standard Qin Dynasty script
9. 隶书	隸書	lìshū	official script; an ancient style of calligraphy used in the Han Dynasty (206 B.C.E.– 220 C.E.)
10. 草书	草書	cǎoshū	cursive script; a calligraphic style where characters are executed swiftly and with strokes flowing together
11. 行书	行書	xíngshū	running script; a style of handwriting between the cursive script and regular script
12 楷书	楷書	kǎishū	regular script; a standard form of writing evolved from the official script
13. 印刷体	印刷體	yìnshuātǐ	printing fonts
14. 楷体	楷體	kǎitǐ	regular script; a standard style of handwriting
15. 宋体字	宋體字	sòngtǐzì	Song typeface; a standard typeface first used in the Ming Dynasty (1368–1644) but popularly attributed to the Song Dynasty (960–1279)
16. 仿宋体	仿宋體	fǎngsòngtǐ	printed typeface imitating a Song Dynasty script characterized by even strokes

一、连接意思相关的词语
Link the related words

1. 萌芽   远古

2. 龟甲   记事

3. 目前   痕迹

4. 结绳   猜想

5. 脚印   兽骨

6. 推测   成熟

練習

Exercises

一、連接意思相關的詞語
Link the related words

1. 萌芽　　　　遠古

2. 龜甲　　　　記事

3. 目前　　　　痕跡

4. 結繩　　　　猜想

5. 腳印　　　　獸骨

6. 推測　　　　成熟

二、选择合适的词语填空

Choose the most appropriate phrase to complete the sentence

1. 虽然_____，还没有人能够确切地知道汉字是什么时候产生的，但是汉字是怎么产生的人们已经大致上知道了。

   a. 到从前为止

   b. 到以前为止

   c. 到目前为止

2. 汉字是什么时候产生的，到目前为止没有人确切知道，_____是文字学家_____只能做一个大致的推测。

   a. 既然…还…

   b. 即便…也…

   c. 如果…就…

3. 现在人们普遍_____河南安阳小屯村出土的三千多年前刻写在龟甲和兽骨上的甲骨文，_____迄今发现的最早的文字。

   a. 认为…就是…

   b. 以为…就是…

   c. 认为…也是…

二、選擇合適的詞語填空

Choose the most appropriate phrase to complete the sentence

1. 雖然_____，還沒有人能夠確切地知道漢字是什麼時候產生的，但是漢字是怎麼產生的人們已經大致上知道了。
   a. 到從前為止
   b. 到以前為止
   c. 到目前為止

2. 漢字是什麼時候產生的，到目前為止沒有人確切知道，_____是文字學家_____只能做一個大致的推測。
   a. 既然…還…
   b. 即便…也…
   c. 如果…就…

3. 現在人們普遍_____河南安陽小屯村出土的三千多年前刻寫在龜甲和獸骨上的甲骨文，_____迄今發現的最早的文字。
   a. 認為…就是…
   b. 以為…就是…
   c. 認為…也是…

4. 仓颉看见鸟兽的脚印，知道_____不同的脚印上
   可以分辨出不同的动物，_____创造了文字。
   　　a. 为…于是…
   　　b. 从…于是…
   　　c. 跟…于是…

三、找出正确的答案
Choose the correct answer

1. 人们推测汉字大致产生于什么时候？
   　　a. 六千年前。
   　　b. 五千年前。
   　　c. 四千年前。

2. 人们在什么地方发现了刻写在龟甲和兽骨上的文
   字？
   　　a. 西安半坡村。
   　　b. 安阳小屯村。
   　　c. 山东陵阳河。

3. 汉字是怎么产生的？
   　　a. 是由图画演变而成的。
   　　b. 是由结绳演变而成的。
   　　c. 是由刻画演变而成的。

4. 倉頡看見鳥獸的腳印，知道_____不同的腳印上可以分辨出不同的動物，_____創造了文字。
   - a. 為…於是…
   - b. 從…於是…
   - c. 跟…於是…

三、找出正確的答案
Choose the correct answer

....

1. 人們推測漢字大致產生於什麼時候？
   - a. 六千年前。
   - b. 五千年前。
   - c. 四千年前。

2. 人們在什麼地方發現了刻寫在龜甲和獸骨上的文字？
   - a. 西安半坡村。
   - b. 安陽小屯村。
   - c. 山東陵陽河。

3. 漢字是怎麼產生的？
   - a. 是由圖畫演變而成的。
   - b. 是由結繩演變而成的。
   - c. 是由刻畫演變而成的。

4. 我们从"口、山、刀、林"等字中可以看到了什么样的造字痕迹？

    a. 可以看到古人结绳造字的痕迹。

    b. 可以看到古人画画造字的痕迹。

    c. 可以看到古人刻画造字的痕迹。

四、思考问题，说说你的看法

Think about the questions and talk about your perspective

1. 为什么说汉字是一个古老的文字？

2. 除了汉字世界上还有哪些古文字？

3. 汉字和你们国家的文字有什么不同？

4. 我們從"口、山、刀、林"等字中可以看到了什麼樣的造字痕跡?

    a. 可以看到古人結繩造字的痕跡。

    b. 可以看到古人畫畫造字的痕跡。

    c. 可以看到古人刻畫造字的痕跡。

四、思考問題，說說你的看法
Think about the questions and talk about your perspective

1. 為什麼說漢字是一個古老的文字?

2. 除了漢字世界上還有哪些古文字?

3. 漢字和你們國家的文字有什麼不同?

六

◆ 书的历史 ◆
◆ 書的歷史 ◆

The History of Books

现在的书都是用纸张做的，不过在纸张出现之前中国就已经有书了，古书上说"书于竹帛"，就是说那时候人们是在竹简和丝帛上写书的。

什么是竹简？竹简就是用来写字的竹片。写书前人们先把竹子削成窄窄的竹片，然后在上面写上字，写好以后再用丝线把竹片串起来卷成一卷，就成了一本书。因为一条竹简只能写一行字，所以竹子做的书比现代的书大多了，也重多了。

竹简上的字是用毛笔蘸着墨写的，为了容易书写和防止虫蛀，竹简使用前先要用火烘烤，让青竹子里的水像汗一样蒸发出来，这叫做"汗青"。汗青原本是写书的一个步骤，后来人们用汗青来指代写好的书，特别是史书。宋朝民族英雄文天祥写过这样的诗句："人生自古谁无死，留取丹心照汗青"，意思是说从古到今谁人不死，我为国家而死，我把一片忠心留存在史书中。

丝帛就是丝绸，在丝绸上写的书叫帛书。现在我们能见到的最早的竹简和帛书是战国时期的。据史书记载，早在商朝时期就已经有竹简和帛书了，只是时代久远，竹简帛书容易腐烂而未能存留下来。除了竹简和帛书以外，古代还有铸刻在铜器上和刻写在甲骨以及石头上的文字，但是这些都不能算作真正的书。

現在的書都是用紙張做的，不過在紙張出現之前中國就已經有書了，古書上說"書於竹帛"，就是說那時候人們是在竹簡和絲帛上寫書的。

什麼是竹簡？竹簡就是用來寫字的竹片。寫書前人們先把竹子削成窄窄的竹片，然後在上面寫上字，寫好以後再用絲線把竹片串起來卷成一卷，就成了一本書。因為一條竹簡只能寫一行字，所以竹子做的書比現代的書大多了，也重多了。

竹簡上的字是用毛筆蘸著墨寫的，為了容易書寫和防止蟲蛀，竹簡使用前先要用火烘烤，讓青竹子裏的水像汗一樣蒸發出來，這叫做"汗青"。汗青原本是寫書的一個步驟，後來人們用汗青來指代寫好的書，特別是史書。宋朝民族英雄文天祥寫過這樣的詩句："人生自古誰無死，留取丹心照汗青"，意思是說從古到今誰人不死，我為國家而死，我把一片忠心留存在史書中。

絲帛就是絲綢，在絲綢上寫的書叫帛書。現在我們能見到的最早的竹簡和帛書是戰國時期的。據史書記載，早在商朝時期就已經有竹簡和帛書了，只是時代久遠，竹簡帛書容易腐爛而未能存留下來。除了竹簡和帛書以外，古代還有鑄刻在銅器上和刻寫在甲骨以及石頭上的文字，但是這些都不能算作真正的書。

东汉时期有个叫蔡伦的人发明了造纸术，造纸术是中国古代四大发明之一。纸张发明之后就有了纸做的书，不过那时候纸做的书和现代的书不同，那时候的书都是像竹简一样卷起来的，人们把它叫做"卷子"。卷子阅读时很不方便，看前面几段还可以，只要打开一点儿就行，要是看后面一段，就得把书卷全部打开，特别是翻检像字典一类的书籍时非常麻烦。

　　到了唐代晚期，人们开始把长长的纸卷按照一定的尺寸一正一反地折叠起来，然后在两头各包一张厚厚的纸作为书皮，这样就把原先卷起来的书变成了折起来的书，这也就是现代书的雏形。

　　到了明朝，书的制作方法又有了变化，人们把一页页的纸用丝线装订起来做成书，这种书叫做线装书，再后来就是我们现在所看到的书了。

東漢時期有個叫蔡倫的人發明了造紙術，造紙術是中國古代四大發明之一。紙張發明之後就有了紙做的書，不過那時候紙做的書和現代的書不同，那時候的書都是像竹簡一樣卷起來的，人們把它叫做“卷子”。卷子閱讀時很不方便，看前面幾段還可以，只要打開一點兒就行，要是看後面一段，就得把書卷全部打開，特別是翻檢像字典一類的書籍時非常麻煩。

　　到了唐代晚期，人們開始把長長的紙卷按照一定的尺寸一正一反地折疊起來，然後在兩頭各包一張厚厚的紙作為書皮，這樣就把原先卷起來的書變成了折起來的書，這也就是現代書的雛形。

　　到了明朝，書的制作方法又有了變化，人們把一頁頁的紙用絲線裝訂起來做成書，這種書叫做線裝書，再後來就是我們現在所看到的書了。

✦ 生词 ✦
✦ 生詞 ✦

New Vocabulary

	Simplified Characters	Traditional Characters	Pinyin	Part of Speech	English Definition
1.	竹简	竹簡	zhújiǎn	*n.*	bamboo slips for writing; bamboo book
2.	丝帛	絲帛	sībó	*n.*	silk
3.	削	削	xiāo	*v.*	pare with a knife; peel with a knife
4.	窄	窄	zhǎi	*adj.*	narrow
5.	丝线	絲線	sīxiàn	*n.*	silk thread (for sewing)
6.	串	串	chuàn	*v.*	string together
7.	卷	卷	juǎn	*v.*	roll up; roll
8.	蘸	蘸	zhàn	*v.*	dip in (ink, sauce, etc)
9.	蛀	蛀	zhù	*v.*	eat into; bore through
10.	烘烤	烘烤	hōngkǎo	*v.*	toast; bake
11.	蒸发	蒸發	zhēngfā	*v.*	evaporate
12.	步骤	步驟	bùzhòu	*n.*	step; move
13.	人生	人生	rénshēng	*n.*	human existence and life
14.	丹心	丹心	dānxīn	*n.*	a loyal heart; loyalty

	Simplified Characters	Traditional Characters	Pinyin	Part of Speech	English Definition
15.	忠心	忠心	zhōngxīn	n.	loyalty; devotion
16.	留存	留存	liúcún	v.	preserve; keep
17.	记载	記載	jìzǎi	v.	put down in writing; record
18.	腐烂	腐爛	fǔlàn	adj.	decomposed; rotten
19.	铸	鑄	zhù	v.	cast; found (of metal)
20.	铜器	銅器	tóngqì	n.	bronze, brass or copper ware
21.	发明	發明	fāmíng	v.	invent
22.	造纸	造紙	zàozhǐ	vo.	papermaking
23.	术	術	shù	n.	skill; technique
24.	翻检	翻檢	fānjiǎn	v.	turn over (or up) and check up
25.	尺寸	尺寸	chǐcun	n.	measurement; length; size
26.	折叠	折疊	zhédié	v.	fold; bend or close sth. over upon itself
27.	厚	厚	hòu	adj.	thick; large
28.	雏形	雛形	chúxíng	n.	embryonic form
29.	装订	裝訂	zhuāngdìng	v.	bind books
30.	线装	線裝	xiànzhuāng	n.	traditional thread binding (of Chinese books)

人名

1.	文天祥	文天祥	Wén Tiānxiáng	prn.	Southern Song Dynasty Hero (1236–1283)

常用的有关书籍的词语
常用的有關書籍的詞語

Commonly Used Related Words and Phrases

	Simplified Characters	Traditional Characters	Pinyin	English Definition
1.	帛书	帛書	bóshū	book copied on silk in ancient China
2.	卷子	卷子	juǎnzi	hand-copied scroll; codex
3.	蝴蝶装	蝴蝶裝	húdié-zhuāng	butterfly-fold binding (of Chinese books)
4.	旋风装	旋風裝	xuànfēng-zhuāng	accordion binding (of Chinese books)
5.	精装	精裝	jīng-zhuāng	clothbound (of books); hardback; hardcover
6.	平装	平裝	píng-zhuāng	paperback; paper-cover; paperbound
7.	竖版	豎版	shùbǎn	vertical version
8.	横版	橫版	héngbǎn	horizontal version
9.	出版	出版	chūbǎn	publish
10.	初版	初版	chūbǎn	first edition
11.	再版	再版	zàibǎn	second edition

	Simplified Characters	Traditional Characters	Pinyin	English Definition
12.	修订版	修訂版	xiūdìng-bǎn	revised edition
13.	繁体版	繁體版	fántǐbǎn	traditional Chinese characters version
14.	简体版	簡體版	jiǎntǐbǎn	simplified Chinese characters version
15.	第一次印刷	第一次印刷	dìyìcì-yìnshuā	first printing
16.	第二次印刷	第二次印刷	dì'èrcì-yìnshuā	second printing
17.	书号	書號	shūhào	book number; call number
18.	出版社	出版社	chūbǎn-shè	publishing house
19.	作者	作者	zuòzhě	author
20.	编辑	編輯	biānjí	edit; compile
21.	书脊	書脊	shūjǐ	spine (of a book).
22.	封面	封面	fēngmiàn	front cover with book title
23.	扉页	扉頁	fēiyè	title page
24.	前言	前言	qiányán	preface; foreword
25.	后记	後記	hòujì	postscript

<table>
<tr><td></td><td colspan="2" style="text-align:center">练习</td></tr>
<tr><td></td><td colspan="2" style="text-align:center">Exercises</td></tr>
</table>

一、连接意思相关的词语
Link the related words

....

1. 竹简　　　　蒸发

2. 烘烤　　　　装订

3. 丝线　　　　造纸

4. 汗青　　　　久远

5. 蔡伦　　　　史书

6. 时代　　　　帛书

練習

Exercises

一、連接意思相關的詞語
Link the related words

....

1. 竹簡   蒸發

2. 烘烤   裝訂

3. 絲線   造紙

4. 汗青   久遠

5. 蔡倫   史書

6. 時代   帛書

二、选择合适的词语填空

Choose the most appropriate phrase to complete the sentence

1. 我们现在看的书_____用纸张做的，不过在纸张出现之前中国就已经有书了，古书上说"书于竹帛"，_____说很早以前人们是在竹简和丝帛上写书的。
   a. 就是…还是
   b. 还是…总是
   c. 都是…就是

2. 人们把纸卷按照尺寸一正一反_____折叠起来，折叠_____整整齐齐，然后在两头各包一张厚厚_____纸作为书皮，这样就把原先卷起来的书变成了折起来的书了。
   a. 地…的…得…
   b. 地…得…的…
   c. 的…得…地…

3. 到了明朝，书的制作方法_____有了变化，人们把一页页的纸用丝线装订起来，做成书，这种书叫做线装书，_____后来就是我们现在所看到的书了。
   a. 又…再…　　b. 还…又…　　c. 再…又…

二、選擇合適的詞語填空

1. 我們現在看的書_____用紙張做的，不過在紙張出現之前中國就已經有書了，古書上說"書於竹帛"，_____說很早以前人們是在竹簡和絲帛上寫書的。
   a. 就是…還是
   b. 還是…總是
   c. 都是…就是

2. 人們把紙卷按照尺寸一正一反_____折疊起來，折疊_____整整齊齊，然後在兩頭各包一張厚厚_____紙作為書皮，這樣就把原先卷起來的書變成了折起來的書了。
   a. 地…的…得…
   b. 地…得…的…
   c. 的…得…地…

3. 到了明朝，書的制作方法_____有了變化，人們把一頁頁的紙用絲線裝訂起來，做成書，這種書叫做線裝書，_____後來就是我們現在所看到的書了。
   a. 又…再…　　b. 還…又…　　c. 再…又…

4. 为了容易书写和防止虫蛀，竹简使用前先都要
_____火烘烤，_____青竹里的水像汗一样蒸发
出来，叫做"汗青"。
   a. 把…让…
   b. 被…把…
   c. 用…让…

三、找出正确的答案

Choose the correct answer

....

1. 最早的真正的书是写在什么上面的？
   a. 写在龟甲和兽骨上面。
   b. 写在铜器和石头上面。
   c. 写在竹简和丝帛上面。

2. 为什么我们看不到战国以前的竹简和帛书？
   a. 因为那时候中国没有竹子也没有丝绸。
   b. 因为竹简帛书容易腐烂没有保留下来。
   c. 因为那时候人们不在竹简帛书上写字。

3. 线装书是怎么做的？
   a. 把一页页纸用丝线装订起来。
   b. 把卷子一反一正地折叠起来。
   c. 把竹简一片片用丝线串起来。

4. 為了容易書寫和防止蟲蛀，竹簡使用前先都要
_____火烘烤，_____青竹裏的水像汗一樣蒸發
出來，叫做“汗青”。
　　a. 把…讓…
　　b. 被…把…
　　c. 用…讓…

三、找出正確的答案
Choose the correct answer

1. 最早的真正的書是寫在什麼上面的?
　　a. 寫在龜甲和獸骨上面。
　　b. 寫在銅器和石頭上面。
　　c. 寫在竹簡和絲帛上面。

2. 為什麼我們看不到戰國以前的竹簡和帛書?
　　a. 因為那時候中國沒有竹子也沒有絲綢。
　　b. 因為竹簡帛書容易腐爛沒有保留下來。
　　c. 因為那時候人們不在竹簡帛書上寫字。

3. 線裝書是怎麼做的?
　　a. 把一頁頁紙用絲線裝訂起來。
　　b. 把卷子一反一正地折疊起來。
　　c. 把竹簡一片片用絲線串起來。

4. "汗青"是什么意思？

    a. 是先把竹子削成竹片，再用丝线把竹片串联起来。

    b. 是把丝线串起来的竹简卷起来，卷成大大的一卷。

    c. 是用火烘烤竹简，让里面的水像汗一样蒸发出来。

四、思考问题，说说你的看法

Think about the questions and talk about your perspective

1. 中国什么时候开始有书的？是什么样的书？

2. 纸张发明以前人们是在什么上面写字的？

3. 人们为什么要把卷子改成折叠起来的书？

4. "汗青" 是什麼意思?

    a. 是先把竹子削成竹片，再用絲線把竹片串聯起來。

    b. 是把絲線串起來的竹簡卷起來，卷成大大的一卷。

    c. 是用火烘烤竹簡，讓裏面的水像汗一樣蒸發出來。

四、思考問題，說說你的看法
Think about the questions and talk about your perspective

1. 中國什麼時候開始有書的? 是什麼樣的書?

2. 紙張發明以前人們是在什麼上面寫字的?

3. 人們為什麼要把卷子改成折疊起來的書?

七

◆ 风水与迷信 ◆
◆ 風水與迷信 ◆

Feng Shui and Superstition

风水是中国古老的传统文化之一，有人说它是研究房屋住宅的一门学问，有人说它是迷信，这是怎么一回事呢？原来风水研究的不是住宅的建筑质量，也不是它的设计风格，而是住宅的地理位置和内部结构所显示出来的吉凶祸福，所以说它是迷信。

风水最早起源于战国时期，研究风水的人认为，人的健康与疾病、富裕与穷困；官场的升迁与罢免、生意的成功与失败等等，都跟所居住的房屋有关系。如果房屋的风水好，居住在里面的人就会健康长寿、升官发财，而且子孙满堂，否则就会疾病缠身、一事无成，而且人丁不旺。

古时候人们建造房屋都要请风水先生来看风水，请他们来看房屋的外部环境和内部结构。老百姓盖房子要请风水先生，皇帝建造宫殿也都要请风水先生。人们把风水最好的地方称做风水宝地，研究风水的人说，背靠大山，面临河流，门前开阔，两侧有所依托的地方就是风水宝地。

那时候不仅盖房子要看风水，就连修建墓地也要看风水。人们相信在风水好的地方修建墓地，祖先们可以保佑子孙平安，家族兴旺。据史书记载，古代皇帝的陵墓，无论秦朝的秦始皇陵，还是唐朝的武则天陵，或者清朝皇帝的十三陵，占据的都是风水宝地。

風水是中國古老的傳統文化之一，有人說它是研究房屋住宅的一門學問，有人說它是迷信，這是怎麼一回事呢？原來風水研究的不是住宅的建築質量，也不是它的設計風格，而是住宅的地理位置和內部結構所顯示出來的吉凶禍福，所以說它是迷信。

風水最早起源於戰國時期，研究風水的人認為，人的健康與疾病、富裕與窮困；官場的升遷與罷免、生意的成功與失敗等等，都跟所居住的房屋有關系。如果房屋的風水好，居住在裏面的人就會健康長壽、升官發財，而且子孫滿堂，否則就會疾病纏身、一事無成，而且人丁不旺。

古時候人們建造房屋都要請風水先生來看風水，請他們來看房屋的外部環境和內部結構。老百姓蓋房子要請風水先生，皇帝建造宮殿也都要請風水先生。人們把風水最好的地方稱做風水寶地，研究風水的人說，背靠大山，面臨河流，門前開闊，兩側有所依托的地方就是風水寶地。

那時候不僅蓋房子要看風水，就連修建墓地也要看風水。人們相信在風水好的地方修建墓地，祖先們可以保佑子孫平安，家族興旺。據史書記載，古代皇帝的陵墓，無論秦朝的秦始皇陵，還是唐朝的武則天陵，或者清朝皇帝的十三陵，占據的都是風水寶地。

风水文化在中国千百年来一直兴盛不衰，到今天仍然有很多人相信风水，他们买房子的时候都要请风水先生来看一看。如果房子的地理位置不好，他们会听从风水先生的建议，在门头镶一面小镜子，或者在屋角放一块大石头，说是这样可以改变风水，把晦气、灾祸挡在门外；如果房子的内部结构不好，他们也会听风水先生的建议，在进门处立一个屏风，或者在客厅里放一个鱼缸，或者在卧室中摆一块水晶，说这样可以化凶险为吉利，为家人带来好运和福气。

　　风水究竟是学问还是迷信？我不知道。我只知道中国历史上很多人在风水宝地上盖房屋、建墓地，可是他们和他们的子孙并没有升官发财；我也知道历代皇帝的宫殿和陵墓占据了许多风水宝地，可是他们的后代一个个都不见了踪影。

風水文化在中國千百年來一直興盛不衰，到今天仍然有很多人相信風水，他們買房子的時候都要請風水先生來看一看。如果房子的地理位置不好，他們會聽從風水先生的建議，在門頭鑲一面小鏡子，或者在屋角放一塊大石頭，說是這樣可以改變風水，把晦氣、災禍擋在門外；如果房子的內部結構不好，他們也會聽風水先生的建議，在進門處立一個屏風，或者在客廳裏放一個魚缸，或者在臥室中擺一塊水晶，說這樣可以化凶險為吉利，為家人帶來好運和福氣。

　　風水究竟是學問還是迷信？我不知道。我只知道中國歷史上很多人在風水寶地上蓋房屋、建墓地，可是他們和他們的子孫並沒有升官發財；我也知道歷代皇帝的宮殿和陵墓占據了許多風水寶地，可是他們的後代一個個都不見了蹤影。

◆ 生词 ◆
◆ 生詞 ◆

New Vocabulary

	Simplified Characters	Traditional Characters	Pinyin	Part of Speech	English Definition
1.	风水	風水	fēngshuǐ	n.	geomancy
2.	住宅	住宅	zhùzhái	n.	residence; house
3.	迷信	迷信	míxìn	n.	superstition; superstitious
4.	质量	質量	zhìliàng	n.	quality
5.	设计	設計	shèjì	v.	design; plan
6.	地理	地理	dìlǐ	n.	geographical features of a place
7.	位置	位置	wèizhi	n.	seat; location
8.	内部	內部	nèibù	adj.	inside; internal; interior
9.	显示	顯示	xiǎnshì	v.	show
10.	吉凶	吉凶	jíxiōng	n.	good or bad luck
11.	官场	官場	guānchǎng	n.	official circles
12.	升迁	升遷	shēngqiān	v.	promote; promotion
13.	罢免	罷免	bàmiǎn	v.	recall officials

	Simplified Characters	Traditional Characters	Pinyin	Part of Speech	English Definition
14.	升官发财	升官發財	shēngguān-fācái	id.	win promotion and get rich
15.	疾病缠身	疾病纏身	jíbìng-chánshēn	id.	be riddled with diseases
16.	一事无成	一事無成	yíshì-wúchéng	id.	accomplish nothing; get nowhere
17.	人丁	人丁	réndīng	n.	population; number of people in a family
18.	兴旺	興旺	xīngwàng	adj.	prosperous; flourishing
19.	开阔	開闊	kāikuò	adj.	open; wide
20.	依托	依托	yītuō	v.	rely on; depend on
21.	陵墓	陵墓	língmù	n.	mausoleum; tomb
22.	占据	占據	zhànjù	v.	occupy; hold
23.	兴盛不衰	興盛不衰	xīngshèng-bùshuāi	id.	prosperous
24.	镶	鑲	xiāng	v.	inlay; set
25.	晦气	晦氣	huìqì	adj.	unlucky
26.	屏风	屏風	píngfēng	n.	screen
27.	水晶	水晶	shuǐjīng	n.	crystal; rock crystal
28.	化	化	huà	v.	change; turn
29.	凶险	凶險	xiōngxiǎn	adj.	in a very dangerous state
30.	踪影	蹤影	zōngyǐng	n.	(usu. in the negative) trace; sign

Commonly Used Related Words and Phrases

	Simplified Characters	Traditional Characters	Pinyin	English Definition
1.	五行	五行	wǔxíng	the five elements (metal, wood, water, fire and earth)
2.	相冲	相沖	xiāngchōng	opposition
3.	相生相克	相生相克	xiāngshēng-xiāngkè	mutual promotion and restraint between the five elements (a concept held by the ancients to explain natural phenomena and later used in traditional Chinese medicine, etc.)
4.	相辅	相輔	xiāngfǔ	supplement each other
5.	相辅相成	相輔相成	xiāngfǔ-xiāngchéng	supplement each other; complement each other
6.	八卦	八卦	bāguà	the Eight Diagrams
7.	阴阳	陰陽	yīnyáng	(in Chinese philosophy, medicine, etc.) yin and yang, the two opposing principles in nature, the former feminine and negative, the latter masculine and positive

Simplified Characters	Traditional Characters	Pinyin	English Definition
8. 地气	地氣	dìqì	earth *qi*
9. 天干	天干	tiāngān	the ten Heavenly Stems, used as serial numbers and also in combination with the twelve Earthly Branches to designate years, months, days and hours
10. 地支	地支	dìzhī	the twelve Earthly Branches; used in combination with the Heavenly Stems to designate years, months, days and hours
11. 时辰	時辰	shíchen	one of the 12 two-hour periods into which the day was traditionally divided, each being given the name of one of the twelve Earthly Branches
12. 天象	天象	tiānxiàng	astronomical phenomena; celestial phenomena
13. 相地	相地	xiàngdì	site investigation
14. 罗盘	羅盤	luópán	compass
15. 山脉	山脈	shānmài	mountain range
16. 水脉	水脈	shuǐmài	water vein
17. 气脉	氣脈	qìmài	*qi* vein or channel
18. 龙脉	龍脈	lóngmài	winding mountain range

练习

Exercises

一、连接意思相关的词语

Link the related words

....

1. 学问   人丁

2. 凶险   疾病

3. 罢免   成功

4. 失败   升迁

5. 健康   吉利

6. 子孙   迷信

練習
Exercises

一、連接意思相關的詞語

Link the related words

....

1. 學問　　　　　人丁

2. 凶險　　　　　疾病

3. 罷免　　　　　成功

4. 失敗　　　　　升遷

5. 健康　　　　　吉利

6. 子孫　　　　　迷信

二、选择合适的词填空

Choose the most appropriate phrase to complete the sentence

1. 有人说风水是迷信，因为风水研究的＿＿＿＿＿住宅的建筑质量，也＿＿＿＿＿住宅的设计风格，＿＿＿＿＿住宅的地理位置和内部结构所表现出来的吉凶祸福。
   a. 不是…不是…而是…
   b. 不是…还是…不是…
   c. 不是…不是…可是…

2. 古代皇帝的陵墓，＿＿＿＿＿秦朝的秦始皇陵，＿＿＿＿＿唐朝的武则天陵，＿＿＿＿＿清朝皇帝的十三陵，它们占据的都是风水宝地。
   a. 因为…所以…于是…
   b. 不是…而是…就是…
   c. 无论…还是…或者…

3. 古时候很多都相信风水，那时候的人盖房子＿＿＿＿＿看风水，修建墓地＿＿＿＿＿看风水，就连建造宫殿＿＿＿＿＿看风水。
   a. 是…是…也都是…
   b. 要…要…也都要…
   c. 有…有…也都有…

二、選擇合適的詞填空

Choose the most appropriate phrase to complete the sentence

1. 有人說風水是迷信，因為風水研究的_____住宅的建築質量，也_____住宅的設計風格，_____住宅的地理位置和內部結構所表現出來的吉凶禍福。
   a. 不是…不是…而是…
   b. 不是…還是…不是…
   c. 不是…不是…可是…

2. 古代皇帝的陵墓，_____秦朝的秦始皇陵，_____唐朝的武則天陵，_____清朝皇帝的十三陵，它們占據的都是風水寶地。
   a. 因為…所以…於是…
   b. 不是…而是…就是…
   c. 無論…還是…或者…

3. 古時候很多都相信風水，那時候的人蓋房子_____看風水，修建墓地_____看風水，就連建造宮殿_____看風水。
   a. 是…是…也都是…
   b. 要…要…也都要…
   c. 有…有…也都有…

4. _____房屋的风水好，_____居住在里面的人 _____会健康长寿、升官发财，_____子孙满 堂；_____风水不好，_____居住在里面的人 _____会疾病缠身、一事无成，_____人丁不 旺。

    a. 如果…那么…就…而且…；

       如果…那么…就…而且…

    b. 虽然…但是…也…而且…；

       虽然…但是…也…而且…

    c. 即便…可是…也…而且…；

       即便…可是…也…而且…

三、找出正确的答案

Choose the correct answer

1. 为什么有人说风水是迷信？

    a. 因为风水研究的是住宅的建筑质量。

    b. 因为风水研究的是住宅的设计风格。

    c. 因为风水研究的是住宅的吉凶祸福。

4. _____房屋的風水好，_____居住在裏面的人 _____會健康長壽、升官發財，_____子孫滿 堂；_____風水不好，_____居住在裏面的人 _____會疾病纏身、一事無成，_____人丁不 旺。

   a. 如果⋯那麼⋯就⋯而且⋯；
      如果⋯那麼⋯就⋯而且⋯

   b. 雖然⋯但是⋯也⋯而且⋯；
      雖然⋯但是⋯也⋯而且⋯

   c. 即便⋯可是⋯也⋯而且⋯；
      即便⋯可是⋯也⋯而且⋯

三、找出正確的答案
Choose the correct answer

1. 為什麼有人說風水是迷信？

   a. 因為風水研究的是住宅的建築質量。

   b. 因為風水研究的是住宅的設計風格。

   c. 因為風水研究的是住宅的吉凶禍福。

2. 如果住宅的地理位置不好，怎样可以改变它的风水？

   a. 在门口放一个屏风或者在卧室放一块大水晶。

   b. 在门口立一个屏风或者在客厅放一个大鱼缸。

   c. 在门头镶一个镜子或者在屋角放一个大石头。

3. 什么样的地方是风水宝地？

   a. 在门头上镶一块小镜子，把晦气和灾祸挡在门外的地方。

   b. 背靠大山，面临河流，门前开阔，两侧有所依托的地方。

   c. 在屋角旁放一块大石头，把晦气和灾祸挡在门外的地方。

4. 古人为什么修建墓地也要看风水？

   a. 在风水好的地方修建墓地，祖先可以保佑子孙平安健康。

   b. 在风水好的地方修建墓地，子孙可以保佑祖先升官发财。

   c. 在风水好的地方修建墓地，子孙可以保佑家庭平平安安。

2. 如果住宅的地理位置不好，怎樣可以改變它的風水？
   a. 在門口放一個屏風或者在臥室放一塊大水晶。
   b. 在門口立一個屏風或者在客廳放一個大魚缸。
   c. 在門頭鑲一個鏡子或者在屋角放一個大石頭。

3. 什麼樣的地方是風水寶地？
   a. 在門頭上鑲一塊小鏡子，把晦氣和災禍擋在門外的地方。
   b. 背靠大山，面臨河流，門前開闊，兩側有所依托的地方。
   c. 在屋角旁放一塊大石頭，把晦氣和災禍擋在門外的地方。

4. 古人為什麼修建墓地也要看風水？
   a. 在風水好的地方修建墓地，祖先可以保佑子孫平安健康。
   b. 在風水好的地方修建墓地，子孫可以保佑祖先升官發財。
   c. 在風水好的地方修建墓地，子孫可以保佑家庭平平安安。

四、思考问题，说说你的看法

Think about the questions and talk about your perspective

1. 你觉得风水是一门学问还是迷信？为什么？

2. 为什么很多人相信风水？

3. 你的国家有没有类似风水的文化？

四、思考問題，說說你的看法

Think about the questions and talk about your perspective

1. 你覺得風水是一門學問還是迷信？為什麼？

2. 為什麼很多人相信風水？

3. 你的國家有沒有類似風水的文化？

八

◆ 压岁钱的来源 ◆
◆ 壓歲錢的來源 ◆

The Origins of New Year's Money

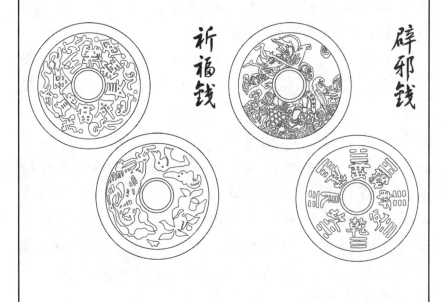

祈福钱

辟邪钱

几乎每一个中国家庭过年的时候都要给小孩子压岁钱，这是中国的一种传统文化。为什么过年要给小孩子压岁钱呢？为什么把过年给的钱叫压岁钱呢？很多人不清楚。有人以为压岁钱的意思是压着岁数不让小孩子长大，这种说法当然不对，每一个做父母的都希望自己的孩子快快长大，哪里还会压着小孩子的岁数不让长呢？

压岁钱的来源是一个很有趣的社会现象。很早以前中国没有压岁钱，那时候有一种钱叫做"厌胜钱"。什么是"厌胜"？厌胜是古代方士使用的一种用诅咒来制服人或者物的巫术。厌胜钱就是具有厌胜作用的一种钱币，这种钱不能流通使用，它跟我们前面讲到的大门上挂的桃符、门头上镶的镜子一样都是辟邪镇恶的东西。

厌胜钱的形状跟普通的铜钱一样，不同的是厌胜钱上没有标识币值的数字和制造钱币的年号。厌胜钱大致分为两类：一是祈福钱，一是辟邪钱。祈福钱正面写着"龙凤呈祥"、"长命富贵"等吉祥语；背面画着龙凤、生肖等吉祥图。辟邪钱正面写有"雷霆镇妖"、"除凶去殃"等咒语；背面画着八卦、龟蛇等咒符。过年时人们把厌胜钱挂在小孩子身上，用它来辟邪祈福、保佑平安。据说2000多年前的战国时期就已经有厌胜钱了，现在我们能看到的最早的厌胜钱是汉代的。

幾乎每一個中國家庭過年的時候都要給小孩子壓歲錢，這是中國的一種傳統文化。為什麼過年要給小孩子壓歲錢呢？為什麼把過年給的錢叫壓歲錢呢？很多人不清楚。有人以為壓歲錢的意思是壓著歲數不讓小孩子長大，這種說法當然不對，每一個做父母的都希望自己的孩子快快長大，哪裏還會壓著小孩子的歲數不讓長呢？

壓歲錢的來源是一個很有趣的社會現象。很早以前中國沒有壓歲錢，那時候有一種錢叫做“厭勝錢”。什麼是“厭勝”？厭勝是古代方士使用的一種用詛咒來制服人或者物的巫術。厭勝錢就是具有厭勝作用的一種錢幣，這種錢不能流通使用，它跟我們前面講到的大門上掛的桃符、門頭上鑲的鏡子一樣都是辟邪鎮惡的東西。

厭勝錢的形狀跟普通的銅錢一樣，不同的是厭勝錢上沒有標識幣值的數字和製造錢幣的年號。厭勝錢大致分為兩類：一是祈福錢，一是辟邪錢。祈福錢正面寫著“龍鳳呈祥”、“長命富貴”等吉祥語；背面畫著龍鳳、生肖等吉祥圖。辟邪錢正面寫有“雷霆鎮妖”、“除凶去殃”等咒語；背面畫著八卦、龜蛇等咒符。過年時人們把厭勝錢掛在小孩子身上，用它來辟邪祈福、保佑平安。據說2000多年前的戰國時期就已經有厭勝錢了，現在我們能看到的最早的厭勝錢是漢代的。

因为厌胜钱不是真钱，不能用来买糖果、买鞭炮，所以小孩子对它没什么兴趣。不知道从什么时候开始，老人们为了让小孩子高兴，也为了得到儿孙们拜年时一声真心的祝福，就把不能买东西的假钱换成了真钱。

真钱上面没有祈福的吉祥语和吉祥图，也没有辟邪镇恶的咒语和咒符，所以就不能叫它厌胜钱了。但是过年时给小孩子钱的意义没有变，钱的辟邪祈福功能不能变，于是人们就把它叫做压岁钱。

"压"是镇压的意思，"岁"不是指人的岁数，是指三百六十五天的一年，压岁就是压住新的一年里的邪恶和凶气，让孩子健康成长。大人年年给孩子压岁钱，就是希望孩子岁岁平安。因为压岁钱都是用红纸包起来的，所以有人把压岁钱也叫红包。

因為厭勝錢不是真錢，不能用來買糖果、買鞭炮，所以小孩子對它沒什麼興趣。不知道從什麼時候開始，老人們為了讓小孩子高興，也為了得到兒孫們拜年時一聲真心的祝福，就把不能買東西的假錢換成了真錢。

　　真錢上面沒有祈福的吉祥語和吉祥圖，也沒有辟邪鎮惡的咒語和咒符，所以就不能叫它厭勝錢了。但是過年時給小孩子錢的意義沒有變，錢的辟邪祈福功能不能變，於是人們就把它叫做壓歲錢。

　　“壓”是鎮壓的意思，“歲”不是指人的歲數，是指三百六十五天的一年，壓歲就是壓住新的一年裏的邪惡和凶氣，讓孩子健康成長。大人年年給孩子壓歲錢，就是希望孩子歲歲平安。因為壓歲錢都是用紅紙包起來的，所以有人把壓歲錢也叫紅包。

◆ 生词 ◆
◆ 生詞 ◆

New Vocabulary

	Simplified Characters	Traditional Characters	Pinyin	Part of Speech	English Definition
1.	社会	社會	shèhuì	n.	society
2.	厌胜钱	厭勝錢	yànshèng-qián	n.	fake money that brings luck and wards off evil
3.	厌胜	厭勝	yànshèng	n.	evil-suppressant
4.	方士	方士	fāngshì	n.	necromancer; alchemist
5.	诅咒	詛咒	zǔzhòu	v.	curse; swear
6.	制服	制服	zhìfú	v.	bring under control
7.	巫术	巫術	wūshù	n.	witchcraft; sorcery
8.	具有	具有	jùyǒu	v.	possess; have
9.	作用	作用	zuòyòng	n.	action; function
10.	流通	流通	liútōng	v.	circulate
11.	辟邪	辟邪	bìxié	vo.	exorcise evil spirits
12.	镇恶	鎮惡	zhèn'è	vo.	suppress evil
13.	标识	標識	biāozhì	v.	mark
14.	币值	幣值	bìzhí	n.	value of the money

	Simplified Characters	Traditional Characters	Pinyin	Part of Speech	English Definition
15.	年号	年號	niánhào	n.	the title of an emperor's reign
16.	祈福	祈福	qífú	vo,	pray for good fortune or happiness
17.	龙凤呈祥	龍鳳呈祥	lóngfèng-chéngxiáng	id.	have extremely good fortune
18.	长命富贵	長命富貴	chángmìng-fùguì	id.	live a long life of abundance and honor
19.	雷霆	雷霆	léitíng	n.	thunderclap; thunderbolt
20.	镇妖	鎮妖	zhènyāo	vo.	exorcise evil spirit
21.	除	除	chú	v.	get rid of; eliminate
22.	去	去	qù	v.	remove; get rid of
23.	殃	殃	yāng	n.	calamity; disaster
24.	咒语	咒語	zhòuyǔ	n.	incantation; curse
25.	八卦	八卦	bāguà	n.	the Eight Diagrams
26.	咒符	咒符	zhòufú	n.	amulet; magic charm
27.	兴趣	興趣	xìngqù	n.	interest
28.	拜年	拜年	bàinián	vo.	give New Year's greetings
29.	功能	功能	gōngnéng	n.	function
30.	镇压	鎮壓	zhènyà	v.	suppress

	Simplified Characters	Traditional Characters	Pinyin	English Definition
1.	钱币	錢幣	qiánbì	coin
2.	纸币	紙幣	zhǐbì	paper money; note
3.	硬币	硬幣	yìngbì	coins
4.	镍币	鎳幣	nièbì	nickel
5.	金币	金幣	jīnbì	gold coin
6.	银币	銀幣	yínbì	silver coin
7.	古币	古幣	gǔbì	ancient coins
8.	铜钱	銅錢	tóngqián	circular coin made of copper with a square hole through the middle, used in ancient times
9.	冥币	冥幣	míngbì	fake paper money burned as an offering to the dead
10.	游戏币	遊戲幣	yóuxìbì	game coin
11.	假币	假幣	jiǎbì	counterfeit money
12.	假钞	假鈔	jiǎchāo	counterfeit money
13.	验钞机	驗鈔機	yànchāojī	counterfeit money detector

	Simplified Characters	Traditional Characters	Pinyin	English Definition
14.	人民币	人民幣	Rénmínbì	Renminbi
15.	外币	外幣	wàibì	foreign currency
16.	美元	美元	Měiyuán	U.S. dollar
17.	欧元	歐元	Ōuyuán	Euro
18.	日元	日元	Rìyuán	Japanese Yen
19.	英镑	英鎊	Yīngbàng	British Pound

练习

Exercises

一、连接意思相关的词语
Link the related words

....

1. 辟邪　　　　现象

2. 巫术　　　　祝福

3. 龙凤　　　　功能

4. 意义　　　　吉祥

5. 真心　　　　方士

6. 社会　　　　镇恶

練習	
Exercises	

一、連接意思相關的詞語

Link the related words

....

1. 辟邪　　　　現象

2. 巫術　　　　祝福

3. 龍鳳　　　　功能

4. 意義　　　　吉祥

5. 真心　　　　方士

6. 社會　　　　鎮惡

二、选择合适的词语填空

Choose the most appropriate phrase to complete the sentence

1. 不知道从什么时候开始，老人们_____让小孩子高兴，也_____得到儿孙们拜年时一声真心的祝福，_____过年的时候就把不能买东西的假钱换成了真钱。
    a. 为了…为了…于是…
    b. 因为…因为…于是…
    c. 为了…因为…于是…

2. 真钱上没有祈福的吉祥语和辟邪镇恶的咒语，_____就不能叫厌胜钱了，_____过年时给小孩子钱的意义没有变，辟邪祈福的功能不能变，_____人们就把它叫做压岁钱。
    a. 但是…于是…所以…
    b. 所以…于是…但是…
    c. 所以…但是…于是…

3. "压"_____镇压的意思，"岁"_____指人的岁数，_____指三百六十五天的一年，压岁_____压住新的一年里的邪恶和凶气，让孩子健康成长。
    a. 是…不是…而是…就是…
    b. 不是…是…就是…而是…
    c. 就是…而是…不是…是…

二、選擇合適的詞語填空
Choose the most appropriate phrase to complete the sentence

1. 不知道從什麼時候開始，老人們_____讓小孩子高興，也_____得到兒孫們拜年時一聲真心的祝福，_____過年的時候就把不能買東西的假錢換成了真錢。
   a. 為了…為了…於是…
   b. 因為…因為…於是…
   c. 為了…因為…於是…

2. 真錢上沒有祈福的吉祥語和辟邪鎮惡的咒語，_____就不能叫厭勝錢了，_____過年時給小孩子錢的意義沒有變，辟邪祈福的功能不能變，_____人們就把它叫做壓歲錢。
   a. 但是…於是…所以…
   b. 所以…於是…但是…
   c. 所以…但是…於是…

3. "壓"_____鎮壓的意思，"歲"_____指人的歲數，_____指三百六十五天的一年，壓歲_____壓住新的一年裏的邪惡和凶氣，讓孩子健康成長。
   a. 是…不是…而是…就是…
   b. 不是…是…就是…而是…
   c. 就是…而是…不是…是…

4. _____厌胜钱不是真钱，_____小孩子对它没什么兴趣。_____厌胜钱可以祈福辟邪，_____过年的时候大人把厌胜钱挂在小孩子的身上。

    a. 因为…所以…因此…但是…

    b. 虽然…但是…因为…所以…

    c. 因为…所以…但是…因此…

三、找出正确的答案

Choose the correct answer

1. 压岁钱里的"压岁"是什么意思？

    a. 压住小孩子岁数不让他们长大。

    b. 压住新的一年里的邪恶和凶气。

    c. 压住小孩子个子不让他们长大。

2. 什么是厌胜钱？

    a. 是过年时老人给小孩子的一种钱币。

    b. 是过年时买糖果和鞭炮的一种钱币。

    c. 是过年时用于祈福辟邪的一种钱币。

4. _____厭勝錢不是眞錢，_____小孩子對它沒什麼興趣。_____厭勝錢可以祈福辟邪，_____過年的時候大人把厭勝錢掛在小孩子的身上。

    a. 因為⋯所以⋯因此⋯但是⋯

    b. 雖然⋯但是⋯因為⋯所以⋯

    c. 因為⋯所以⋯但是⋯因此⋯

三、找出正確的答案

Choose the correct answer

....

1. 壓歲錢裏的 "壓歲" 是什麼意思?

    a. 壓住小孩子歲數不讓他們長大。

    b. 壓住新的一年裏的邪惡和凶氣。

    c. 壓住小孩子個子不讓他們長大。

2. 什麼是厭勝錢?

    a. 是過年時老人給小孩子的一種錢幣。

    b. 是過年時買糖果和鞭炮的一種錢幣。

    c. 是過年時用於祈福辟邪的一種錢幣。

3. 什么时候开始有厌胜钱的？现在能看到的最早的厌胜钱是什么时候的？
   a. 汉代就有厌胜钱了，现在能看到最早的厌胜钱是战国时期的。
   b. 战国时期就有厌胜钱了，现在能看到最早的厌胜钱是汉代的。
   c. 战国时期就有厌胜钱了，现在能看到最早的厌胜钱是唐代的。

4. 人们为什么要把厌胜钱换成能买东西的真钱？
   a. 因为人们不喜欢厌胜钱。
   b. 因为厌胜钱不能买东西。
   c. 因为大人要让孩子高兴。

四、思考问题，说说你的看法
Think about the questions and talk about your perspective

1. 为什么把过年给小孩子的钱叫压岁钱？

2. 厌胜钱和压岁钱的有哪些相同和不同之处？

3. 你们国家有没有像厌胜钱这样的辟邪祈福的东西？

3. 什麼時候開始有厭勝錢的？現在能看到的最早的厭勝錢是什麼時候的？
    a. 漢代就有厭勝錢了，現在能看到最早的厭勝錢是戰國時期的。
    b. 戰國時期就有厭勝錢了，現在能看到最早的厭勝錢是漢代的。
    c. 戰國時期就有厭勝錢了，現在能看到最早的厭勝錢是唐代的。

4. 人們為什麼要把厭勝錢換成能買東西的真錢？
    a. 因為人們不喜歡厭勝錢。
    b. 因為厭勝錢不能買東西。
    c. 因為大人要讓孩子高興。

四、思考問題，說說你的看法
Think about the questions and talk about your perspective

1. 為什麼把過年給小孩子的錢叫壓歲錢？

2. 厭勝錢和壓歲錢的有哪些相同和不同之處？

3. 你們國家有沒有像厭勝錢這樣的辟邪祈福的東西？

九

◆ 花儿与花语 ◆
◆ 花兒與花語 ◆

Flowers and the Language of Flowers

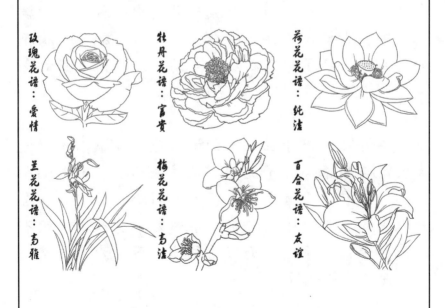

玫瑰花语：爱情

兰花花语：高雅

牡丹花语：富贵

梅花花语：高洁

荷花花语：纯洁

百合花语：友谊

人们喜欢花儿，因为花儿的颜色鲜艳，气味芳香。不知道从什么时候开始，人们赋予了花儿许多含义，说玫瑰代表爱情，百合表示友谊，风信子表示浪漫，满天星象征思念等等。有人说这叫做"花语"，是从西方传来的，其实早在2000多年前的中国就已经用花儿来表达一些含义了。

例如：在中国传统文化中，牡丹花代表着荣华富贵、幸福美满，有人把牡丹花就叫做富贵花。很多中国人家里都挂有牡丹花的画儿，意思就是希望自己能够荣华富贵、希望家庭美满幸福。

在中国，梅花代表高洁、坚强。在严寒的冬季，万木萧索、百花凋零，只有梅花在冰雪中不畏寒冷，傲然开放。梅花开放时散发出一种沁人心脾的清香，古诗说"梅花香自苦寒来"，就是说梅花的清香是历经了严寒之后产生的，这句话真正的含义是说任何成功都是要经历磨难、经过艰苦奋斗的。

兰花又叫君子兰，人们说兰花像谦谦君子，代表淡泊与高雅。孔子说过"芷兰生幽谷，不以无人而不芳；君子修道立德，不为穷困而改节。"意思是说兰花生长在深山之中，不因为没有人看到就不吐露芬芳；君子建立美好的品德，不因为穷困潦倒而改变自己的气节。

人們喜歡花兒，因為花兒的顏色鮮艷，氣味芳香。不知道從什麼時候開始，人們賦予了花兒許多含義，說玫瑰代表愛情，百合表示友誼，風信子表示浪漫，滿天星象徵思念等等。有人說這叫做"花語"，是從西方傳來的，其實早在2000多年前的中國就已經用花兒來表達一些含義了。

例如：在中國傳統文化中，牡丹花代表著榮華富貴、幸福美滿，有人把牡丹花就叫做富貴花。很多中國人家裏都掛有牡丹花的畫兒，意思就是希望自己能夠榮華富貴、希望家庭美滿幸福。

在中國，梅花代表高潔、堅強。在嚴寒的冬季，萬木蕭索、百花凋零，只有梅花在冰雪中不畏寒冷，傲然開放。梅花開放時散發出一種沁人心脾的清香，古詩說"梅花香自苦寒來"，就是說梅花的清香是歷經了嚴寒之後產生的，這句話真正的含義是說任何成功都是要經歷磨難、經過艱苦奮鬥的。

蘭花又叫君子蘭，人們說蘭花像謙謙君子，代表淡泊與高雅。孔子說過"芷蘭生幽谷，不以無人而不芳；君子修道立德，不為窮困而改節。"意思是說蘭花生長在深山之中，不因為沒有人看到就不吐露芬芳；君子建立美好的品德，不因為窮困潦倒而改變自己的氣節。

荷花生长在水下的污泥里，可是水面上的荷花一尘不染。在中国人眼里，荷花代表纯洁、高尚。宋朝周敦颐写过一篇文章，名为《爱"莲"说》，"莲"就是荷花。周敦颐说他最喜爱荷花，因为荷花"出污泥而不染"，在水中亭亭玉立，冰清玉洁。

花儿本是植物，没有思想、没有语言，是人们根据花儿的不同特征、习性以及典故传说，赋予了它许多人性化的象征意义。人们把自己的感情、愿望以及志向寄托在花儿上，让一朵朵的鲜花儿不但有靓丽的外表，而且还有了丰富的内涵。

花儿有了含义，就好像有了语言，有了与人们交流的功能，花儿的世界因此也变得更加绚丽多彩。自从花儿有了含义，人们看花儿的时候不再只是欣赏花儿的美丽芳香，而且还要仔细体会那花瓣叶片中流露出来的许多哲理和绵绵情意。

荷花生長在水下的汙泥裏，可是水面上的荷花一塵不染。在中國人眼裏，荷花代表純潔、高尚。宋朝周敦頤寫過一篇文章，名為《愛"蓮"說》，"蓮"就是荷花。周敦頤說他最喜愛荷花，因為荷花"出汙泥而不染"，在水中亭亭玉立，冰清玉潔。

　　花兒本是植物，沒有思想、沒有語言，是人們根據花兒的不同特征、習性以及典故傳說，賦予了它許多人性化的象征意義。人們把自己的感情、願望以及志向寄托在花兒上，讓一朵朵的鮮花兒不但有靚麗的外表，而且還有了豐富的內涵。

　　花兒有了含義，就好像有了語言，有了與人們交流的功能，花兒的世界因此也變得更加絢麗多彩。自從花兒有了含義，人們看花兒的時候不再只是欣賞花兒的美麗芳香，而且還要仔細體會那花瓣葉片中流露出來的許多哲理和綿綿情意。

	Simplified Characters	Traditional Characters	Pinyin	Part of Speech	English Definition
1.	赋予	賦予	fùyǔ	v.	endow
2.	象征	象征	xiàng-zhēng	v.	symbolize; signify
3.	花语	花語	huāyǔ	n.	language of flowers
4.	高洁	高潔	gāojié	adj.	noble and unsullied
5.	万木萧索	萬木蕭索	wànmù-xiāosuǒ	id.	trees are bleak and cold
6.	百花凋零	百花凋零	bǎihuā-diāolíng	id.	flowers are fallen and scattered
7.	畏	畏	wèi	v.	fear
8.	傲然开放	傲然開放	àorán-kāifàng	id.	proudly come into bloom
9.	历经	歷經	lìjīng	v.	go through; experience
10.	磨难	磨難	mónàn	v.	cause to suffer
11.	谦谦君子	謙謙君子	qiānqiān-jūnzǐ	id.	a modest, self-disciplined gentleman
12.	淡泊	淡泊	dànbó	v.	not seek fame and wealth

	Simplified Characters	Traditional Characters	Pinyin	Part of Speech	English Definition
13.	高雅	高雅	gāoyǎ	*adj.*	elegant; refined
14.	幽谷	幽谷	yōugǔ	*n.*	a deep and secluded valley
15.	修道	修道	xiūdào	*vo.*	cultivate oneself according to a religious doctrine
16.	吐露	吐露	tǔlù	*v.*	reveal; tell
17.	潦倒	潦倒	liáodǎo	*adj.*	be frustrated
18.	气节	氣節	qìjié	*n.*	integrity
19.	一尘不染	一塵不染	yīchén-bùrǎn	*id.*	not soiled by a speck of dust; spotless
20.	高尚	高尚	gāoshàng	*adj.*	noble; lofty
21.	亭亭玉立	亭亭玉立	tíngtíng-yùlì	*id.*	slim and graceful
22.	冰清玉洁	冰清玉潔	bīngqīng-yùjié	*id.*	pure and noble
23.	本	本	běn	*adj.*	original; initial
24.	人性化	人性化	rénxìng-huà	*adj.*	humanized
25.	靓丽	靚麗	liànglì	*adj.*	beautiful; pretty
26.	内涵	內涵	nèihán	*n.*	intention; connotation
27.	绚丽多彩	絢麗多彩	xuànlì-duōcǎi	*adj.*	magnificently colorful
28.	流露	流露	liúlù	*v.*	reveal; betray

	Simplified Characters	Traditional Characters	Pinyin	Part of Speech	English Definition
29.	哲理	哲理	zhélǐ	*n.*	philosophy
30.	绵绵	綿綿	miánmián	*adj.*	continuous; unbroken

人名：

1.	周敦颐	周敦頤	Zhōu Dūnyí	*prn.*	Song Dynasty thinker (1017–1073)

<table>
<tr><td></td><td></td><td></td><td></td></tr>
</table>

常见的花卉
常見的花卉

Common Flower Types

	Simplified Characters	Traditional Characters	Pinyin	English Definition
1.	牡丹	牡丹	mǔdān	Peony
2.	梅花	梅花	méihuā	Plum blossom
3.	荷花	荷花	héhuā	Lotus
4.	兰花	蘭花	lánhuā	Orchid
5.	水仙	水仙	shuǐxiān	Daffodil
6.	玫瑰	玫瑰	méiguī	Rose
7.	月季	月季	yuèjì	China Rose
8.	百合	百合	bǎihé	Lily
9.	菊花	菊花	júhuā	Chrysanthemum
10.	樱花	櫻花	yīnghuā	Cherry blossom
11.	葵花	葵花	kuíhuā	Sunflower
12.	康乃馨	康乃馨	kāngnǎixīn	Carnation
13.	郁金香	鬱金香	yùjīnxiāng	Tulip
14.	杜鹃花	杜鵑花	dùjuānhuā	Azalea
15.	紫罗兰	紫羅蘭	zǐluólán	Violet

huāhuì → more formal way to say flowers

	Simplified Characters	Traditional Characters	Pinyin	English Definition
16.	马蹄莲	馬蹄蓮	mǎtílián	Calla lily
17.	风信子	風信子	fēngxìnzǐ	Hyacinth
18.	满天星	滿天星	mǎntiānxīng	Baby's breath
19.	薰衣草	薰衣草	xūnyīcǎo	Lavender

一、连接意思相关的词语
Link the related words

....

1. 气味　　　　美满

2. 色彩　　　　潦倒

3. 品德　　　　寄托

4. 感情　　　　高尚

5. 穷困　　　　鲜艳

6. 幸福　　　　芳香

練習

Exercises

一、連接意思相關的詞語

Link the related words

....

1. 氣味   美滿

2. 色彩   潦倒

3. 品德   寄托

4. 感情   高尚

5. 窮困   鮮豔

6. 幸福   芳香

二、选择合适的词语填空

Choose the most appropriate phrase to complete the sentence

1. ＿＿＿＿＿＿书上说"花语"这个说法是从西方传来的，＿＿＿＿＿＿很多人不相信，＿＿＿＿＿＿早在2000多年前，中国＿＿＿＿＿＿已经用花儿来表达一些含义了。

   a. 所以…还是…但是…也…

   b. 因为…但是…虽然…就…

   c. 虽然…但是…因为…就…

2. ＿＿＿＿＿＿一个人的家里挂着牡丹花的画儿，＿＿＿＿＿＿说明这个人＿＿＿＿＿＿希望自己荣华富贵，＿＿＿＿＿＿希望家庭幸福美满。

   a. 如果…就…不仅…而且…

   b. 如果…也…而且…不仅…

   c. 即便…还…所以…而且…

3. ＿＿＿＿＿＿人们赋予了花儿某些含义，花儿＿＿＿＿＿＿不能与人们相互交流，＿＿＿＿＿＿花儿可以向人们表示某种含义，人们＿＿＿＿＿＿不能向花儿表示什么。

   a. 因为…都…即便…却…

   b. 即便…却…因为…也…

   c. 即便…也…因为…却…

二、選擇合適的詞語填空

Choose the most appropriate phrase to complete the sentence

1. _____書上說"花語"這個說法是從西方傳來
   的，_____很多人不相信，_____早在2000多年
   前，中國_____已經用花兒來表達一些含義了。
   a. 所以…還是…但是…也…
   b. 因為…但是…雖然…就…
   c. 雖然…但是…因為…就…

2. _____一個人的家裏掛著牡丹花的畫兒，
   _____說明這個人_____希望自己榮華富貴，
   _____希望家庭幸福美滿。
   a. 如果…就…不僅…而且…
   b. 如果…也…而且…不僅…
   c. 即便…還…所以…而且…

3. _____人們賦予了花兒某些含義，花兒_____不
   能與人們相互交流，_____花兒可以向人們表示
   某種含義，人們_____不能向花兒表示什麼。
   a. 因為…都…即便…卻…
   b. 即便…卻…因為…也…
   c. 即便…也…因為…卻…

4. _____花儿有了含义，人们看花儿的时候
_____不再_____欣赏花儿的美丽芳香，_____
还细细地体会那花瓣叶片中流露出来的许多哲理
和绵绵情意。

   a. 自从…就…只是…而且…

   b. 虽然…就…但是…而且…

   c. 自从…就…还是…而且…

三、找出正确的答案
Choose the correct answer

1. 什么是花语？

   a. 是人们赋予花儿的某种含义。

   b. 是花儿赋予人们的某种含义。

   c. 是花儿相互间所赋予的含义。

2. "出污泥而不染"指的是什么花？

   a. 园中的牡丹。

   b. 山中的兰花。

   c. 水中的荷花。

4. _____花兒有了含義，人們看花兒的時候

　　_____不再_____欣賞花兒的美麗芳香，_____

　　還細細地體會那花瓣葉片中流露出來的許多哲理

　　和綿綿情意。

　　　　a. 自從⋯就⋯只是⋯而且⋯

　　　　b. 雖然⋯就⋯但是⋯而且⋯

　　　　c. 自從⋯就⋯還是⋯而且⋯

三、找出正確的答案

Choose the correct answer

1. 什麼是花語？

　　　　a. 是人們賦予花兒的某種含義。

　　　　b. 是花兒賦予人們的某種含義。

　　　　c. 是花兒相互間所賦予的含義。

2. "出汙泥而不染" 指的是什麼花？

　　　　a. 園中的牡丹。

　　　　b. 山中的蘭花。

　　　　c. 水中的荷花。

3. 孔子说过"芝兰生幽谷，不以无人而不芳"的意思是什么？

    a. 是说兰花生长在深山中，不因为没有人看就不吐露芬芳。

    b. 是说兰花生长在深山中，不以为没有人看就不吐露芬芳。

    c. 是说兰花生长在深山中，不认为没有人看就不吐露芬芳。

4. "梅花香自苦寒来"是什么意思？

    a. 是说梅花的清香是历经了痛苦之后产生的。

    b. 是说梅花的清香是历经了苦难之后产生的。

    c. 是说梅花的清香是历经了严寒之后产生的。

四、思考问题，说说你的看法

Think about the questions and talk about your perspective

....

1. 为什么人们要给花儿赋予很多含义？

2. 你喜欢花儿是因为它美丽芳香？还是因为它所表示的含义？

3. 告诉大家你所知道的花儿的花语。

3. 孔子說過"芷蘭生幽谷，不以無人而不芳"的意思是什麼？

    a. 是說蘭花生長在深山中，不因為沒有人看就不吐露芬芳。

    b. 是說蘭花生長在深山中，不以為沒有人看就不吐露芬芳。

    c. 是說蘭花生長在深山中，不認為沒有人看就不吐露芬芳。

4. "梅花香自苦寒來"是什麼意思？

    a. 是說梅花的清香是歷經了痛苦之後產生的。

    b. 是說梅花的清香是歷經了苦難之後產生的。

    c. 是說梅花的清香是歷經了嚴寒之後產生的。

四、思考問題，說說你的看法

Think about the questions and talk about your perspective

1. 為什麼人們要給花兒賦予很多含義？

2. 你喜歡花兒是因為它美麗芳香？還是因為它所表示的含義？

3. 告訴大家你所知道的花兒的花語。

《红楼梦》和林黛玉
《紅樓夢》和林黛玉

"A Dream of Red Mansions" and Lin Daiyu

人们在谈到中国古典文学时，常常说"秦汉文章，唐宋诗词，明清小说"，这句话的意思是说在三千多年的中国文学发展史中，秦汉时期的文章最好，唐宋时期的诗歌最好，明清时期的小说最好。明清小说又以《三国演义》、《水浒传》、《西游记》、《红楼梦》最为著名，被誉为四大古典名著。这四本小说的前三本都跟刀光剑影、打打杀杀有关，而《红楼梦》则是一本纯粹的悲剧性的爱情小说。

《红楼梦》是曹雪芹写的，他用了十年时间写成了这本书，书成而病逝，去世时不到50岁。《红楼梦》有一百二十回，主要讲述了两个悲剧：一个是贾宝玉和林黛玉相爱却不能结婚的爱情悲剧；一个是他们所生活的那个贵族家庭由鼎盛走向衰亡的家族悲剧。

贾宝玉和林黛玉是表兄妹，两人彼此相爱。宝玉心地善良，蔑视世俗，不求功名，宝玉的反叛精神只有黛玉能理解。黛玉聪明漂亮，但体弱多病又多愁善感，书中有一回讲到黛玉看到园子里的花儿被风吹落了，她不愿意美丽洁净的花儿被人践踏，被肮脏的泥土污染，于是把一片片的花瓣儿拢在一起，用干净的土掩埋起来，这叫做"葬花"。曹雪芹专门为黛玉写了一首非常感人的"葬花词"。

人們在談到中國古典文學時，常常說 "秦漢文章，唐宋詩詞，明清小說"，這句話的意思是說在三千多年的中國文學發展史中，秦漢時期的文章最好，唐宋時期的詩歌最好，明清時期的小說最好。明清小說又以《三國演義》、《水滸傳》、《西遊記》、《紅樓夢》最為著名，被譽為四大古典名著。這四本小說的前三本都跟刀光劍影、打打殺殺有關，而《紅樓夢》則是一本純粹的悲劇性的愛情小說。

《紅樓夢》是曹雪芹寫的，他用了十年時間寫成了這本書，書成而病逝，去世時不到50歲。《紅樓夢》有一百二十回，主要講述了兩個悲劇：一個是賈寶玉和林黛玉相愛卻不能結婚的愛情悲劇；一個是他們所生活的那個貴族家庭由鼎盛走向衰亡的家族悲劇。

賈寶玉和林黛玉是表兄妹，兩人彼此相愛。寶玉心地善良，蔑視世俗，不求功名，寶玉的反叛精神只有黛玉能理解。黛玉聰明漂亮，但體弱多病又多愁善感，書中有一回講到黛玉看到園子裏的花兒被風吹落了，她不願意美麗潔淨的花兒被人踐踏，被骯髒的泥土汙染，於是把一片片的花瓣兒攏在一起，用乾淨的土掩埋起來，這叫做 "葬花"。曹雪芹專門為黛玉寫了一首非常感人的 "葬花詞"。

黛玉和宝玉彼此相爱却不能结婚，宝玉为父母所逼，娶了另一个表妹薛宝钗。黛玉知道后伤心欲绝，她焚烧了自己所有的诗稿，最后忧郁而死。读《红楼梦》的人读到"焚稿"这一回时都忍不住会流泪的。黛玉死后不久，这个鼎盛一时的贵族家庭很快地衰落、破败，在故事结尾宝玉也出家当了和尚。

研究《红楼梦》的人认为，曹雪芹写《红楼梦》并不是简单地讲述一个故事，而是通过宝玉与黛玉的爱情悲剧以及他们所生活的这个大家庭由盛到衰的家族悲剧揭露当时社会的种种弊病和矛盾，可是几百年来，老百姓读《红楼梦》时关注的只是贾宝玉和林黛玉那催人泪下的爱情故事。

以前人们读《红楼梦》是为了消遣，现在它成了一门学问，人们把研究《红楼梦》的学问称做"红学"，把研究《红楼梦》的人称为"红学家"。

黛玉和寶玉彼此相愛卻不能結婚，寶玉為父母所逼，娶了另一個表妹薛寶釵。黛玉知道後傷心欲絕，她焚燒了自己所有的詩稿，最後憂鬱而死。讀《紅樓夢》的人讀到"焚稿"這一回時都忍不住會流淚的。黛玉死後不久，這個鼎盛一時的貴族家庭很快地衰落、破敗，在故事結尾寶玉也出家當了和尚。

　　研究《紅樓夢》的人認為，曹雪芹寫《紅樓夢》並不是簡單地講述一個故事，而是通過寶玉與黛玉的愛情悲劇以及他們所生活的這個大家庭由盛到衰的家族悲劇揭露當時社會的種種弊病和矛盾，可是幾百年來，老百姓讀《紅樓夢》時關注的只是賈寶玉和林黛玉那催人淚下的愛情故事。

　　以前人們讀《紅樓夢》是為了消遣，現在它成了一門學問，人們把研究《紅樓夢》的學問稱做"紅學"，把研究《紅樓夢》的人稱為"紅學家"。

◆ 生词 ◆
◆ 生詞 ◆

New Vocabulary

	Simplified Characters	Traditional Characters	Pinyin	Part of Speech	English Definition
1.	誉	譽	yù	*v.*	praise; honor
2.	刀光剑影	刀光劍影	dāoguāng-jiànyǐng	*id.*	the glint and flash of cold steel
3.	纯粹	純粹	chúncuì	*adj.*	pure
4.	悲剧	悲劇	bēijù	*n.*	tragedy
5.	性	性	xìng	*n.*	suffix designating a specified quality, property, scope, etc.
6.	逝	逝	shì	*v.*	pass away; die
7.	回	回	huí	*n.*	chapter
8.	贵族	貴族	guìzú	*n.*	noble; nobility
9.	鼎盛	鼎盛	dǐngshèng	*adj.*	in a period of great prosperity
10.	衰亡	衰亡	shuāiwáng	*v.*	decline and fall
11.	蔑视	蔑視	mièshì	*v.*	despise
12.	世俗	世俗	shìsú	*n.*	common customs

	Simplified Characters	Traditional Characters	Pinyin	Part of Speech	English Definition
13.	功名	功名	gōngmíng	n.	scholarly honor or official rank (in feudal times)
14.	反叛	反叛	fǎnpàn	v.	revolt; rebel
15.	体弱多病	體弱多病	tǐruò-duōbìng	id.	be constantly ill
16.	多愁善感	多愁善感	duōchóu-shàn'gǎn	id.	be sentimental
17.	践踏	踐踏	jiàntà	v.	tread on
18.	拢	攏	lǒng	v.	gather up
19.	掩埋	掩埋	yǎnmái	v.	bury
20.	葬	葬	zàng	v.	bury; inter
21.	逼	逼	bī	v.	force; compel
22.	焚烧	焚燒	fénshāo	v.	burn; set on fire
23.	结尾	結尾	jiéwěi	n.	ending; conclusion
24.	出家	出家	chūjiā	v.	become a monk or nun
25.	揭露	揭露	jiēlù	v.	expose; unmask
26.	弊病	弊病	bìbìng	n.	drawback
27.	矛盾	矛盾	máodùn	n.	contradiction
28.	关注	關注	guānzhù	v.	follow with interest
29.	催人泪下	催人淚下	cuīrén-lèixià	id.	very moving
30.	消遣	消遣	xiāoqiǎn	v.	*entertain/* divert/oneself

人名：

1.	曹雪芹	曹雪芹	Cáo Xuěqín	*prn.*	name of an author (1715–1763)
2.	贾宝玉	賈寶玉	Jiǎ Bǎoyù	*prn.*	person's name
3.	林黛玉	林黛玉	Lín Dàiyù	*prn.*	person's name
4.	薛宝钗	薛寶釵	Xuē Bǎochā	*prn.*	person's name

◆ 常见的明清小说 ◆
◆ 常見的明清小說 ◆

Well-Known Classical Chinese Novels

Simplified Characters	Traditional Characters	Pinyin	English Definition
1. 《红楼梦》	《紅樓夢》	hónglóu-mèng	A Dream of Red Mansions
2. 《三国演义》	《三國演義》	sānguó-yǎnyì	Romance of the Three Kingdoms
3. 《水浒传》	《水滸傳》	shuǐhǔ-zhuàn	The Water Margin
4. 《西游记》	《西遊記》	xīyóujì	The Journey to the West
5. 《儒林外史》	《儒林外史》	rúlín-wàishǐ	The Scholars
6. 《聊斋志异》	《聊齋志異》	liáozhāi-zhìyì	Strange Tales from a Chinese Studio
7. 《金瓶梅》	《金瓶梅》	jīnpíngméi	The Golden Lotus
8. 《西厢记》	《西廂記》	xīxiāngjì	Romance of the West Chamber
9. 《桃花扇》	《桃花扇》	táohuā-shàn	The Peach Blossom Fan

Simplified Characters	Traditional Characters	Pinyin	English Definition
10. 《隋唐演义》	《隋唐演義》	suítáng-yǎnyì	Romance of Sui and Tang Dynasties
11. 《警世通言》	《警世通言》	jǐngshì-tōngyán	Stories to Caution the World
12. 《喻世名言》	《喻世名言》	yùshì-míngyán	Stories to Enlighten the World
13. 《醒世恒言》	《醒世恒言》	xǐngshì-héngyán	Stories to Awaken the World
14. 《儿女英雄传》	《兒女英雄傳》	érnǚ-yīngxióng-chuán	Legend of Heroic Sons and Daughters
15. 《老残游记》	《老殘遊記》	lǎocányóu-jì	The Travels of Lao Can

练习

Exercises

一、连接意思相关的词语

Link the related words

....

1. 洁净   多病

2. 功名   破败

3. 伤心   和尚

4. 出家   忧郁

5. 衰落   世俗

6. 体弱   污染

	練習
	Exercises

一、連接意思相關的詞語
Link the related words

....

1.	潔淨		多病
2.	功名		破敗
3.	傷心		和尚
4.	出家		憂鬱
5.	衰落		世俗
6.	體弱		汙染

二、选择合适的词语填空
Choose the most appropriate phrase to complete the sentence

1. _____黛玉知道自己无法与宝玉结婚，_____伤
   心地焚烧了自己所有的诗稿，_____黛玉忧郁而
   死，_____宝玉也出家当了和尚。
   a. 虽然…但是…最终…不久…
   b. 由于…于是…不久…最终…
   c. 因为…所以…但是…最终…

2. 一天，黛玉看到园子里的花儿都_____风吹落
   了，她不愿意洁净的花儿_____践踏，就_____
   一片片的花瓣儿拢在一起，_____干净的土掩埋
   起来。
   a. 被…让…把…用…
   b. 让…被…把…用…
   c. 把…被…让…用…

3. 曹雪芹_____十年努力，写了一本著名的爱情小
   说《红楼梦》。他想_____宝玉与黛玉的爱情悲
   剧揭露当时社会的弊病，可是很多_____《红楼
   梦》的人并没有_____这个问题。
   a. 经过…通过…看过…想过…
   b. 通过…经过…看过…想过…
   c. 经过…通过…想过…看过…

二、選擇合適的詞語填空

Choose the most appropriate phrase to complete the sentence

1. _____黛玉知道自己無法與寶玉結婚，_____傷心地焚燒了自己所有的詩稿，_____黛玉憂鬱而死，_____寶玉也出家當了和尚。
   - a. 雖然⋯但是⋯最終⋯不久⋯
   - b. 由於⋯於是⋯不久⋯最終⋯
   - c. 因為⋯所以⋯但是⋯最終⋯

2. 一天，黛玉看到園子裏的花兒都_____風吹落了，她不願意潔淨的花兒_____踐踏，就_____一片片的花瓣兒攏在一起，_____乾淨的土掩埋起來。
   - a. 被⋯讓⋯把⋯用⋯
   - b. 讓⋯被⋯把⋯用⋯
   - c. 把⋯被⋯讓⋯用⋯

3. 曹雪芹_____十年努力，寫了一本著名的愛情小說《紅樓夢》。他想_____寶玉與黛玉的愛情悲劇揭露當時社會的弊病，可是很多_____《紅樓夢》的人並沒有_____這個問題。
   - a. 經過⋯通過⋯看過⋯想過⋯
   - b. 通過⋯經過⋯看過⋯想過⋯
   - c. 經過⋯通過⋯想過⋯看過⋯

4. 《红楼梦》里_____的是黛玉，_____的是宝玉；最_____的一回是"黛玉葬花"，最_____的一回是"黛玉焚稿"。

    a. 聪明漂亮…心地善良…感人…伤心…

    b. 心地善良…聪明漂亮…感人…伤心…

    c. 聪明漂亮…心地善良…伤心…感人…

三、找出正确的答案

Choose the correct answer

1. "秦汉文章，唐宋诗词，明清小说"这句话的意思是什么？ *what is its meaning?*

    a. 是说秦汉时期的小说最好，唐宋时期的文章最好，明清时期的诗歌最好。

    b. 是说秦汉时期的文章最好，唐宋时期的诗歌最好，明清时期的小说最好。

    c. 是说秦汉时期的诗歌最好，唐宋时期的小说最好，明清时期的文章最好。

2. 曹雪芹为什么要写《红楼梦》这部小说？ *Cao Xueqin why wanted to write this novel?*

    a. 因为他喜欢林黛玉和贾宝玉这两个人。 *He likes the characters Lin Daiyu and Jia Baoyu*

    b. 因为他要揭露当时社会的弊病和矛盾。 *expose* *drawback/contradiction*

    c. 因为他告诉人们一个感人的爱情故事。 *He tells people a 's love story*

4. 《紅樓夢》裏_____的是黛玉，_____的是寶玉；最_____的一回是"黛玉葬花"，最_____的一回是"黛玉焚稿"。

　　a. 聰明漂亮…心地善良…感人…傷心…

　　b. 心地善良…聰明漂亮…感人…傷心…

　　c. 聰明漂亮…心地善良…傷心…感人…

三、找出正確的答案
Choose the correct answer

1. "秦漢文章，唐宋詩詞，明清小說"這句話的意思是什麼？

　　a. 是說秦漢時期的小說最好，唐宋時期的文章最好，明清時期的詩歌最好。

　　b. 是說秦漢時期的文章最好，唐宋時期的詩歌最好，明清時期的小說最好。

　　c. 是說秦漢時期的詩歌最好，唐宋時期的小說最好，明清時期的文章最好。

2. 曹雪芹為什麼要寫《紅樓夢》這部小說？

　　a. 因為他喜歡林黛玉和賈寶玉這兩個人。

　　b. 因為他要揭露當時社會的弊病和矛盾。

　　c. 因為他告訴人們一個感人的愛情故事。

3. 贾宝玉为什么不和林黛玉结婚?

   a. 因为他的父母逼他和薛宝钗结婚。

   b. 因为他不喜欢体弱多病的林黛玉。

   c. 因为他喜欢另外一个表妹薛宝钗。

4. 为什么林黛玉要焚稿?

   a. 因为她没有办法与宝玉结婚。

   b. 因为她不喜欢自己写的诗稿。

   c. 因为她不求功名而多愁善感。

四、思考问题，说说你的看法

Think about the questions and talk about your perspective

1. 你喜欢林黛玉这个人吗? 为什么?

2. 老百姓读《红楼梦》时关注的是什么? 为什么?

3. 你们国家有没有和《红楼梦》相似的爱情悲剧小说?

3. 賈寶玉為什麼不和林黛玉結婚?
    a. 因為他的父母逼他和薛寶釵結婚。
    b. 因為他不喜歡體弱多病的林黛玉。
    c. 因為他喜歡另外一個表妹薛寶釵。

4. 為什麼林黛玉要焚稿?
    a. 因為她沒有辦法與寶玉結婚。
    b. 因為她不喜歡自己寫的詩稿。
    c. 因為她不求功名而多愁善感。

四、思考問題，說說你的看法
Think about the questions and talk about your perspective

1. 你喜歡林黛玉這個人嗎? 為什麼?

2. 老百姓讀《紅樓夢》時關注的是什麼? 為什麼?

3. 你們國家有沒有和《紅樓夢》相似的愛情悲劇小說?

◆ 附录一 拼音课文 ◆

Appendix 1 Texts with Pinyin

一

风 从 哪 里 来
fēng cóng nǎ li lái

风从哪里来？在回答这个问题之前，我们先要弄清楚什么是风。风和雨、雪一样，是一种自然现象，不过风看不见，摸不着，只有当风在我们面前吹过时，我们才能感觉到它的存在。风其实是流动的空气，流动的空气就是风。

fēng cóng nǎ li lái? zài huí dá zhè ge wèn tí zhī qián, wǒ men xiān yào nòng qīng chǔ shén me shì fēng. fēng hé yǔ、xuě yí yàng, shì yì zhǒng zì rán xiàn xiàng, bú guò fēng kàn bú jiàn, mō bù zháo, zhǐ yǒu dāng fēng zài wǒ men miàn qián chuī guò shí, wǒ men cái néng gǎn jué dào tā de cún zài. fēng qí shí shì liú dòng de kōng qì, liú dòng de kōng qì jiù shì fēng.

空气为什么会流动呢？科学家说，空气跟水一样，是从压力高的地方往压力低的地方流动，空气流动就产生了风。流动快的空气叫大风，流动慢的空气叫微风，流动速……

kōng qì wèi shén me huì liú dòng ne? kē xué jiā shuō, kōng qì gēn shuǐ yí yàng, shì cóng yā lì gāo de dì fang wǎng yā lì dī de dì fang liú dòng, kōng qì liú dòng jiù chǎn shēng le fēng. liú dòng kuài de kōng qì jiào dà fēng, liú dòng màn de kōng qì jiào wēi fēng, liú dòng sù……

度特别快的叫狂风，或者叫飓风。每年夏季，台湾、福建和广东等沿海地区都会出现强烈的飓风，人们把这种季节性飓风叫做台风。

风是从哪里来的呢？两千多年前中国有位大文学家叫宋玉，他写过一篇文章叫《风赋》。他说风最初在平地上形成，从湖中水草尖儿上轻轻飘起，顺着山涧一峡谷溜进大山深处，然后一路疾行，遇到山洞时它大声怒吼，遇到树林便恣意狂舞。文学家对风的描述和科学家一样，字里行间充满着诗情画意。

人们喜欢风，但是不喜欢大风，更不喜欢飓风，因为飓风会带来灾害。刮飓风的时候，房屋被吹倒，树枝被刮断。

还有一种破坏性很强的风叫龙卷风，它把地面上的灰土卷起，冲向天空。龙卷风来了，像一条龙似的，把大树连根拔起，把村庄夷为平地。龙卷风常常把牛马卷到天上。

人们最喜欢的是微风。微风能给人们带来一种清爽舒适的感觉，它可以吹去身上的燥热，可以吹走心中的烦恼。"风和日丽、风清月朗、风轻云淡"说的都是微风。

即便是雨天，当它来时，你们用"和风细雨"来描述它，那蒙蒙细雨，可以想象出那种沁人心脾的景色，你能体会感受到那种沁人心脾的感受。

风是大自然的产物，风给人类带来舒适，也带来灾难。很多年来人们一直在想方设法利用风的力量造福于人类。古时候人们发明了风车，利用风力汲水浇灌土地、碾磨谷物，现在人们利用风力发电，风力发电不需要很多投资，而且没有污染。

读到这里，我们知道了风是从哪儿来的，风是怎么产生的，也知道了那消失了的风又到哪里去了，风是怎么消失的？那失去的风又能到哪里去呢？

二

新 《龟 兔 赛 跑》
xīn　guī　tù　sài　pǎo

《龟兔赛跑》是来自古希
guī tù sài pǎo shì lái zì gǔ xī

腊的一个寓言。什么是寓言？
là de yí gè yù yán。shén me shì yù yán？

寓言是用假托的故事或者
yù yán shì yòng jiǎ tuō de gù shì huò zhě

自然物的拟人手法来说明
zì rán wù de nǐ rén shǒu fǎ lái shuō míng

某个道理或者教训。下面我
mǒu gè dào li huò zhě jiào xun。xià mian wǒ

们来看看《龟兔赛跑》这个寓
men lái kàn kàn guī tù sài pǎo zhè ge yù

言讲的是一个什么样的故
yán jiǎng de shì yí gè shén me yàng de gù

事？它要说明一个什么样的
shi？tā yào shuō míng yí gè shén me yàng de

道理？
dào li？

《龟兔赛跑》是说有一天
guī tù sài pǎo shì shuō yǒu yí tiān

乌龟和兔子比赛谁跑得快，
wū guī hé tù zi bǐ sài shuí pǎo de kuài，

山这边兔起点，山那边是终
shān zhè biān tù qǐ diǎn，shān nà biān shì zhōng

点。比赛是的枪声一响，兔子就
diǎn。bǐ sài shì de qiāng shēng yì xiǎng，tù zi jiù

像箭一样地向前跑去；乌龟
xiàng jiàn yí yàng de xiàng qián pǎo qù；wū guī

呢？也使劲地往前爬。一转眼的功夫，兔子就跑到了山顶，它喘了口气，回头一看，咦，怎么不见乌龟呢？它往前看，没有啊！往后仔细一瞧，哦，乌龟还在山脚下慢吞吞地往上爬着呢！

兔子别提有多高兴了。哎，乌龟真是太慢了！今天风和日丽，天气这么好，干脆我先睡一觉，等乌龟爬到了这儿，我再跑也来得及，于是兔子就躺在路边草丛里睡着了。

乌龟一步一步地奋力地爬着，过了好久，乌龟终于爬到了山顶。兔子正在继续睡觉，太阳快要落山了，它看了看，摇摇头，向乌……

龟快到终点了，这时候兔子被树上的喜鹊吵醒了，它坐起来一看啊，乌龟快到终点了！兔子大吃一惊，拼命向山下冲去，可惜一切太晚了，乌龟得了第一名。

我们知道现实生活中乌龟和兔子是不可能赛跑的，人们用这个故事是想要说明这样一个道理：强者也需要努力，否则就会失败；弱者只要坚持下去，就有可能胜利。

"龟兔赛跑"的寓言流传了很多年之后，人们又编了一个新的"龟兔赛跑"故事，说乌龟和兔子的后代又进行了一场比赛，比赛前小乌龟和小兔子都牢牢地记住了自己的爷爷讲过无数遍的那场很早以前的比赛。

比赛的枪声响了，兔子又像一支箭一样飞快地向前跑去，乌龟则不紧不慢地往山上爬。不一会儿，它就到了山顶。这一次它回头看了看远远落在后面的乌龟，继续向山下冲去。小乌龟呢？它一边慢吞吞地爬着，一边不停地唠叨着爷爷的话：兔子一定要睡觉，兔子睡一觉，乌龟一定会赢。

比赛当然是这样的：兔子赢了。可是，我不明白这是一个什么样的故事，想说明一个什么样的道理呢？

三

什么是歇后语
shén me shì xiē hòu yǔ

歇后语是汉语的一种特殊语言形式，它像是一句话，可是分为两部分，前一部分是引子，后一部分是结果。因为前一部分是半句话，意思不明了，所以有人说歇后语的前一部分像谜面，后一部分是谜底。下面我们来看看两个常用的歇后语："竹篮打水——一场空"和"对牛弹琴"。

大家都知道，用竹篮子打水，水会漏掉的，人们用"竹篮打水——一场空"比喻花费了时间和力气做一件事，却白费力气，打水、打水，打篮了。

没有效果。我们也知道对牛弹琴，牛是听不懂的，所以人们用"对牛弹琴——白费力"来表明做事情不看对象是徒劳的。

歇后语虽然由两部分组成，但在说话的情况下，人们常常只说前一部分，把后一部分让听话人自己去想。比如一个人说："这件事最终是竹篮打水。"那么对方就会明白这件事白费力气，劳而无功。

歇后语的后一部分是它真正要表达的意思。有的歇后语前后两部分字面联系，但另一——一个和它真正意思相关的是尚……例如："丈二和尚——摸……"

不着头脑"，它字面意思是说一丈二尺高的金刚塑像，太高了，摸不着他的头脑。

"摸不着头脑"又是一个常用俗语，它的意思是"弄不清楚怎么一回事"。因此人们在说"丈二和尚——摸不着头脑"时，不是说真的摸不着和尚的头，而是在说"我不明白，我不清楚，我不知道是怎么一回事"。又如："芝麻开花——节节高"，它的含义不是讲芝麻成长的过程，而是借用芝麻开花后"节节高"的现象，比喻人的生活越来越好。使用歇后语是一种语言技巧，也是一种修辞手法。

歇后语的谜底有许多是谐音字。例如："小葱拌豆腐

——一（yì）青（清）（qīng qīng）二（èr）白"，用（bái yòng）"青（qīng）色"（sè）的（de）"青"（qīng）家（jiā）指（zhǐ）代（dài）"清楚"（qīng chu）的（de）"清"（qīng）；"孔（kǒng）夫（fū）子（zǐ）搬（bān）家（jiā）——净（jìng）书（输）（shū shū）"，用（yòng）"书本"（shū běn）的（de）"书"（shū）指（zhǐ）代（dài）"输赢"（shū yíng）的（de）"输"（shū）。

学（xué）习（xí）和（hé）掌（zhǎng）握（wò）歇（xiē）后（hòu）语（yǔ）可（kě）以（yǐ）提（tí）高（gāo）汉（hàn）语（yǔ）水（shuǐ）平（píng），还（hái）可（kě）以（yǐ）了（liǎo）解（jiě）很（hěn）多（duō）中（zhōng）国（guó）文（wén）化（huà）知（zhī）识（shí），例（lì）如（rú）："丈（zhàng）二（èr）和（hé）尚（shang）——摸（mō）不（bù）着（zháo）头（tóu）脑"（nǎo）与（yǔ）佛（fó）教（jiào）文（wén）化（huà）有（yǒu）关（guān）；"小（xiǎo）葱（cōng）拌（bàn）豆（dòu）腐（fu）——一（yì）青（清）（qīng qīng）二（èr）白"（bái）与（yǔ）饮（yǐn）食（shí）文（wén）化（huà）有（yǒu）关（guān）；"孔（kǒng）夫（fū）子（zǐ）搬（bān）家（jiā）——净（jìng）书（输）（shū shū）"与（yǔ）历（lì）史（shǐ）文（wén）化（huà）有（yǒu）关（guān）。

四

对联种种
duì lián zhǒng zhǒng

过春节的时候，家家户户门上都贴上了充满喜庆的大红春联，一副副的春联把大街小巷点缀得喜气洋洋。

什么是春联？春联是对联的一种，是过春节时人们贴的对联。对联是什么？对联是一种文学形式，它是分开的两句话，前一句叫上联，后一句叫下联，不过这两句话必须字数相同、意思相关，而且要平仄和对仗。

平仄是说上、下联的声调要和谐，上联是平声的，下联就要仄声。平声是一声和二声，仄声是三声和四声，一般来说，上联最后一个字是仄声，下联最后一个字是平声。对仗是说上下联的词义、词性和结构都要一一对应，上联的一个字是"天"，下联相对的字就是"地"。讲解对联的书上说："天对地，雨对风。大陆对长空。"对仗是对联的核心，不对仗的两个句子不是对联。

"爆竹一声除旧，桃符万户更新"是流传非常广泛的一副传统春联。这副春联平仄、对仗都特别工整，例如："爆竹"对"桃符"，"一声"对"万户"，"除旧"对"更新"，上联最后的"旧"字是仄声，下联最后的"新"字是平声。它的意思是说：大街小巷燃放鞭炮，送走旧岁；千家万户更换春联，迎来新年。

"桃符"是什么？桃符在这里指代春联。桃符原本是一对画有门神或者写有门神名字的桃木板。很早以前，人们过春节时，把它挂在大门两旁，用桃来驱鬼辟邪。后来，有人在桃符上写上庆祝新春的吉祥诗句，于是就形成了最早的春联。

除了春联，还有喜联、挽联和楹联。喜联是新人结婚时表示祝福的对联，例如："夫妻相爱白头……""家和睦，幸福多"。挽联是老人去世时表示哀悼的对联，例如："一生行好事，千古留芳名"。楹联是指……

雕刻在庙宇、园林和官府楹柱上的对联。

楹联的内容包罗万象，有描写山川风光的，有述说世态炎凉的，有表明人生志向的。

中国寺庙大都供奉有一尊笑口常开的大肚弥勒佛塑像，塑像前的楹柱上有一副对联："大肚能容，容天下难容之事；开口便笑，笑世间可笑之人"。你知道这副对联的含义吗？

五

汉字的产生
hàn zì de chǎn shēng

汉字什么时候产生的？是怎么产生的？学习汉语的人常常会问这个问题。可是到目前为止，没有人能够确切地知道汉字是什么时候产生的，即便是文字学家也只能做一个大致的推测。他们推测汉字大约产生于四千年前。

hàn zì shén me shí hou chǎn shēng de? shì zěn me chǎn shēng de? xué xí hàn yǔ de rén cháng cháng huì wèn zhè ge wèn tí. kě shì dào mù qián wéi zhǐ, méi yǒu rén néng gòu què qiè de zhī dao hàn zì shì shén me shí hou chǎn shēng de, jí biàn shì wén zì xué jiā yě zhǐ néng zuò yí gè dà zhì de tuī cè. tā men tuī cè hàn zì dà yuē chǎn shēng yú sì qiān nián qián.

汉字作为一种文字体系，从原始萌芽状态到成熟，需要一段相当长的时间。人们在西安半坡村六千多年前的陶器上发现了一些刻画符号，在山东陵阳河四千

hàn zì zuò wéi yì zhǒng wén zì tǐ xì cóng yuán shǐ méng yá zhuàng tài dào chéng shú xū yào yí duàn xiāng dāng cháng de shí jiān. rén men zài xī ān bàn pō cūn liù qiān duō nián qián de táo qì shang fā xiàn le yì xiē kè huà fú hào, zài shān dōng líng yáng hé sì qiān

多年前的陶器上，发现了几个象形符号，有人说它们是文字，或者是早期文字；也有人说它们只是简单的符号，不是真正文字。

普遍认为，河南安阳小屯村出土的龟甲兽骨上刻写的甲骨文字，是三千多年前的甲骨文。甲骨文已经成为成熟的文字，它的词汇、语法和现代汉字的文字系统以及基本需要，一一测是一致的。甲骨文构成为长成的过程，产生在千年前。

文字是怎么产生的呢？历史上有不同的说法，有人……

说，文字产生于结绳，结绳就是在绳子上打结记事，文字产生之前人们用这种方法记录事情，后来演变成了文字；也有人说文字产生于刻画，远古时期人们在木板或竹片上刻画一些符号来记录事情，刻画最后演变为文字。

还有人说汉字是一个叫仓颉的人创造的，仓颉是黄帝的史官，长着四只眼睛。他看见鸟兽的脚印，知道从不同的脚印可以分辨出不同的动物，于是创造了文字。史书上说，仓颉造字的时候，天上下粮食，鬼在夜里啼哭。

其实，汉字是由图画演变而成的。

最早的汉字是用画画儿来表示某个事物的样子，例如"日"字画成太阳的样子，"月"字画成半个月亮的样子，"人"字画成人的形状，"木"又画成树的形状。后来，人们又把一些字合起来表示一个新的意思，例如："日、月"合起来写做"明"，表示明亮；"人、木"合起来写做"休"，表示人在树下休息。

虽然现代汉字和古汉字相比，形体上有了很大的变化，但是我们还能从"口、山、刀、林"等字中看到古图画造字的痕迹的。

六

书 的 历 史
shū de lì shǐ

现在的书都是用纸张做的,不过在纸张出现之前,中国就已经有书了,古书上说"书于竹帛",就是说那时候人们是在竹简和丝帛上写书的。

什么是竹简?竹简就是用来写字的竹片。写书前人们先把竹子削成窄窄的竹片,然后在上面写上字,写好以后再用丝线把竹片串起来卷成一卷,就成了一本书。因为一条竹子简只能写一行字,所以竹子做的书比现代的书大多了,也重多了。

竹简上的字是用毛笔蘸着墨写的，为了容易书写和防止虫蛀，竹简使用前先要用火烘烤，让青竹子里的水像汗一样蒸发出来，这叫做"汗青"。汗青原本是写书的一个步骤，后来人们用汗青来指代写好的书，特别是史书。宋朝民族英雄文天祥写过这样的诗句："人生自古谁无死，留取丹心照汗青"，意思是说从古到今谁人不死，我为国家而死，我把一片忠心留存在史书中。

丝帛就是丝绸，在丝绸上写的书叫帛书。现在我们能见到的最早的竹简和帛书，据史书记载，早在战国、商朝时期就已经有……

竹简和帛书了，只是时代久远，竹简帛书容易腐烂而未能存留下来。除了竹简和帛书以外，古代还有铸刻在铜器上和刻写在甲骨以及石头上的文字，但是这些都不能算作真正的书。

东汉时期有个叫蔡伦的人发明了造纸术，造纸术是中国古代四大发明之一。纸张发明之后就有了纸做的书，不过那时候纸做的书和现代的书不同，那时候的书都是像竹简一样卷起来的，人们把它叫做"卷子"。卷子阅读时很不方便，看前面几段还可以，只要打开一点儿就行，要是看后面一段，就得把书卷全部打开特别是翻检像字典一类的书籍时非常麻烦。

到了唐代晚期，人们开始把长长的纸卷按照一定的尺寸一正一反地折叠起来，然后在两头各包一张厚厚的纸作为书皮，这样就把原先卷起来的书变成了折起来的书，这也就是现代书的雏形。

到了明朝，书的制作方法又有了变化，人们把一页页的纸用丝线装订起来做成书，这种书叫做线装书，再后来就是我们现在所看到的书了。

七

风　水　与　迷　信
fēng　shuǐ　yǔ　mí　xìn

风水是中国古老的传统文化之一,有人说它是研究房屋住宅的一门学问,有人说它是迷信,这是怎么一回事呢?原来风水研究的不是住宅的建筑质量,也不是它的设计风格,而是住宅的地理位置和内部结构所显示出来的吉凶祸福,所以说它是迷信。

风水最早起源于战国时期,研究风水的人认为,人的健康与疾病、富裕与穷困;官场的升迁与罢免、生意的成功与失败等等,都跟所居……

住的房屋有关系。如果房屋的风水好,居住在里面的人就会健康长寿、升官发财,而且子孙满堂,否则就会疾病缠身、一事无成,而且人丁不旺。

古时候人们建造房屋都要请风水先生来看风水,请他们来看房屋的外部环境和内部结构。老百姓盖房子要请风水先生,皇帝建造宫殿也都要请风水先生。人们把风水最好的地方称做风水宝地,研究风水的人说,背靠大山,面临河流,门前开阔,两侧有所依托的地方就是风水宝地。

那时候不仅盖房子要看风水,就连修建墓地也要看风水。人们相信在风水好的地方修建墓地，祖先们可以保佑子孙平安，家族兴旺。据史书记载，古代皇帝的陵墓，无论秦朝的秦始皇陵，还是唐朝的武则天陵，或者清朝皇帝的十三陵，占据的都是风水宝地。

风水文化在中国千百年来一直兴盛不衰，到今天仍然有很多人相信风水，他们买房子的时候都要请风水先生来看一看。如果房子的地理位置不好，他们会听从风水先生的建议，在门头镶一面小镜子，或者在屋角放一块大石头，说是这样可以改变风水，把晦气、灾祸挡在门外；如果房子的内部结构不好，他们也会听风水先生的建议，在进门处立一个屏风，或者在客厅里放一个鱼缸，或者在卧室中摆一块水晶，说这样可以化凶险为吉利，为家人带来好运和福气。

风水究竟是学问还是迷信？我不知道。我只知道中国历史上很多人在风水宝地上盖房屋、建墓地，可是他们和他们的子孙并没有升官发财；我也知道历代皇帝的宫殿和陵墓占据了许多风水宝地，可是他们的后代一个个都不见了踪影。

八

压 岁 钱 的 来 源
yā suì qián de lái yuán

几乎每一个中国家庭过年的时候都要给小孩子压岁钱，这是中国的一种传统文化。为什么过年要给小孩子压岁钱呢？为什么把过年给的钱叫压岁钱呢？很多人不清楚。有人以为压岁钱的意思是压着岁数不让小孩子长大，这种说法当然不对，每一个做父母的都希望自己的孩子快快长大，哪里还会压着孩子的岁数不让长大呢？压岁钱的来源是一个很有趣的社会现象。很早以

前中国没有压岁钱,那时候有一种钱叫做"厌胜钱"。什么是"厌胜"?厌胜是古代方士使用的一种用诅咒来制服人或者物的巫术。厌胜钱就是具有厌胜作用的一种钱币,这种钱不能流通使用,它跟我们前面讲到的大门上挂的桃符、门头上镶的镜子一样都是辟邪镇恶的的东西。

厌胜钱的形状跟普通的铜钱一样,不同的是厌胜钱上没有标识币的值数字和制造钱币的年号。厌胜钱大致分为两类:一是祈福钱,一是辟邪钱。祈福钱正面写着"龙凤呈祥"、"长命富贵"等吉祥语;背面画着龙凤、生肖等吉祥图。辟邪钱正面写有"雷……霆、镇妖、除凶殃"等咒语；背面画着八卦、龟蛇等咒符。

过年时人们把厌胜钱挂在小孩子身上，用它来辟邪、祈福、保佑平安。据说2000多年前的战国时期就已经有厌胜钱了，现在我们能看到的最早的厌胜钱是汉代的。

因为厌胜钱不是真钱，不能用来买糖果、鞭炮，所以小孩子对它没什么兴趣。不知道从什么时候开始，老人们为了让小孩子高兴，也为了得到儿孙们拜年时一声真心的祝福，就把不能买东西的假钱换成了真钱。真钱上面没有祈福的吉祥语和吉祥图，也没有辟邪镇恶的咒语和咒符，所以……

就(jiù)不(bù)能(néng)叫(jiào)它(tā)厌(yàn)胜(shèng)钱(qián)了(le)。但(dàn)是(shì)过(guò)年(nián)时(shi)给(gěi)小(xiǎo)孩(hái)子(zi)钱(qián)的(de)意(yì)义(yì)没(méi)有(yǒu)变(biàn)，钱(qián)的(de)辟(bì)邪(xié)祈(qí)福(fú)功(gōng)能(néng)不(bù)能(néng)变(biàn)，于(yú)是(shì)人(rén)们(men)就(jiù)把(bǎ)它(tā)叫(jiào)做(zuò)压(yā)岁(suì)钱(qián)。

"压"(yā)是(shì)镇(zhèn)压(yā)的(de)意(yì)思(si)，"岁"(suì)是(shì)指(zhǐ)三(sān)百(bǎi)六(liù)十(shí)五(wǔ)天(tiān)的(de)一(yì)年(nián)。"压(yā)岁(suì)"就(jiù)是(shì)压(yā)住(zhù)新(xīn)的(de)一(yì)年(nián)里(lǐ)的(de)邪(xié)恶(è)和(hé)凶(xiōng)，让(ràng)孩(hái)子(zi)健(jiàn)康(kāng)成(chéng)长(zhǎng)、岁(suì)岁(suì)平(píng)安(ān)。大(dà)人(ren)希(xī)望(wàng)给(gěi)孩(hái)子(zi)压(yā)岁(suì)钱(qián)，是(shì)希(xī)望(wàng)孩(hái)子(zi)岁(suì)岁(suì)平(píng)安(ān)、健(jiàn)康(kāng)成(chéng)长(zhǎng)。因(yīn)为(wèi)用(yòng)红(hóng)纸(zhǐ)把(bǎ)压(yā)岁(suì)钱(qián)包(bāo)起(qǐ)来(lai)，所(suǒ)以(yǐ)也(yě)叫(jiào)红(hóng)包(bāo)。

九

花儿与花语
huā er yǔ huā yǔ

人们喜欢花儿，因为花儿的颜色鲜艳，气味芳香。不知道从什么时候开始，人们赋予了花儿许多含义，说玫瑰代表爱情，百合表示友谊，风信子表示浪漫，满天星象征思念等等。有人说，这叫做"花语"，是从西方传来的，其实早在2000多年前的中国就已经用花儿来表达一些含义了。

例如，在中国传统文化中，牡丹花代表着荣华富贵、幸福美满，有人把牡丹花就叫做"富贵花"，很多中国人家里都挂有牡丹花的画儿，意思就是希望自己能够荣华富贵、希望家庭美满幸福。

在中国，梅花代表高洁、坚强。在严寒的冬季，万木萧索、百花凋零，只有梅花在冰雪中不畏寒冷，傲然开放。梅花开放时散发出一种沁人心脾的清香。古诗说"梅花香自苦寒来"，就是说梅花的清香是历经了严寒之后产生的。这句话真正的含义是说任何成功都是要经历磨难、经过艰苦奋斗的。

兰花又叫君子兰，人们说兰花像谦谦君子，代表淡泊与高雅。孔子说过"芷兰生幽谷，不以无人而不芳；君子修道立德，不为穷困而改节。"

意思是说：兰花生长在深山之中，不因为没有人看到就不吐露芬芳；君子建立美好的品德，不因为穷困潦倒而改变自己的气节。

荷花生长在水下的污泥里，可是水面上的荷花一尘不染。在中国人眼里，荷花代表纯洁、高尚。宋朝周敦颐写过一篇文章，名为《爱莲说》。"莲"就是荷花，周敦颐说他最喜爱荷花，因为荷花"出污泥而不染"，在水中亭亭玉立，冰清玉洁。

花儿本是植物，没有思想、没有语言，是人们根据花儿的不同特征、习性以及人们的典故、传说，赋予了它许多象征意义。人们把自己……

的感情、愿望以及志向寄托在花儿上，让一朵朵的鲜花儿不但有靓丽的外表，而且还有了丰富的内涵。花儿有了含义，就好像有了语言，有了与人们交流的功能，花儿的世界因此也变得更加绚丽多彩。自从花儿有了含义，人们看花儿的时候不再只是欣赏花儿的美丽芳香，而且还要仔细体会那花瓣叶片中流露出来的许多哲理和绵绵情意。

十

《红楼梦》和林黛玉
hóng lóu mèng hé lín dài yù

人们在谈到中国古典文学时，常常说"秦汉文章，唐宋诗词，明清小说"，这句话的意思是说在三千多年的中国文学发展史中，秦汉时期的文章最好，唐宋时期的诗歌最好，明清时期的小说最好。明清小说又以《三国演义》、《水浒传》、《西游记》、《红楼梦》最为著名，被誉为四大古典名著。这四本小说的前三本都跟刀光剑影、打打杀杀有关，而《红楼梦》则是一本纯粹的悲剧性的爱情小说。

rén men zài tán dào zhōng guó gǔ diǎn wén xué shí, cháng cháng shuō "qín hàn wén zhāng, táng sòng shī cí, míng qīng xiǎo shuō", zhè jù huà de yì si shì shuō zài sān qiān duō nián de zhōng guó wén xué fā zhǎn shǐ zhōng, qín hàn shí qī de wén zhāng zuì hǎo, táng sòng shí qī de shī gē zuì hǎo, míng qīng shí qī de xiǎo shuō zuì hǎo. míng qīng xiǎo shuō yòu yǐ 《sān guó yǎn yì》、《shuǐ xǔ zhuàn》、《xī yóu jì》、《hóng lóu mèng》 zuì wéi zhù míng, bèi yù wéi sì dà gǔ diǎn míng zhù. zhè sì běn xiǎo shuō de qián sān běn dōu gēn dāo guāng jiàn yǐng、dǎ dǎ shā shā yǒu guān, ér 《hóng lóu mèng》 zé shì yì běn chún cuì de bēi jù xìng de ài qíng xiǎo shuō.

《红楼梦》是曹雪芹写的，他用了十年时间写成了这本书，书成而病逝，去世不到50岁。《红楼梦》有一百二十回，主要讲述了两个悲剧：一个是贾宝玉和林黛玉相爱却不能结婚的爱情悲剧；一个是他们所生活的那个贵族家庭由鼎盛走向衰亡的家族悲剧。

贾宝玉和林黛玉是表兄妹，两人彼此相爱。宝玉心地善良，蔑视世俗，不求功名；宝玉的反叛精神，黛玉能理解。黛玉聪明，漂亮，但体弱多病，又多愁善感。书中有一回讲到黛玉看到落花被风吹到园子里，她不愿意美丽洁净的花儿被人践踏……

踏，被肮脏的泥土污染，于是把一片片的花瓣儿拢在一起，用干净的土掩埋起来，这叫做"葬花"。曹雪芹专门为黛玉写了一首非常感人的"葬花词"。

黛玉和宝玉彼此相爱，却不能结婚，宝玉为父母所逼，娶了另一个人——薛宝钗。黛玉知道自己不能和宝玉结婚，伤心欲绝，她焚了诗稿，郁郁而死。"焚稿"这一段，读《红楼梦》的人都忍不住流泪。宝玉知道自己娶的不是黛玉，也……《红楼梦》写了一个贵族家庭由鼎盛到衰落、破败的故事。读《红楼梦》、研究《红楼梦》的人认为，曹雪芹写《红楼梦》并不是简……

单(dān)地(de)讲(jiǎng)述(shù)一(yí)个(gè)故(gù)事(shi),而(ér)是(shì)通(tōng)
过(guò)宝(bǎo)玉(yù)与(yǔ)黛(dài)玉(yù)的(de)爱(ài)情(qíng)悲(bēi)剧(jù)
以(yǐ)及(jí)他(tā)们(men)所(suǒ)生(shēng)活(huó)的(de)这(zhè)个(ge)大(dà)
家(jiā)庭(tíng)由(yóu)盛(shèng)到(dào)衰(shuāi)的(de)家(jiā)族(zú)悲(bēi)剧(jù)
揭(jiē)露(lù)当(dāng)时(shí)社(shè)会(huì)的(de)种(zhǒng)种(zhǒng)弊(bì)病(bìng)
和(hé)矛(máo)盾(dùn),可(kě)是(shì)几(jǐ)百(bǎi)年(nián)来(lái),老(lǎo)百(bǎi)
姓(xìng)读(dú)《红(hóng)楼(lóu)梦》(mèng)时(shí)关(guān)注(zhù)的(de)只(zhǐ)是(shì)
贾(jiǎ)宝(bǎo)玉(yù)和(hé)林(lín)黛(dài)玉(yù)那(nà)催(cuī)人(rén)泪(lèi)
下(xià)的(de)爱(ài)情(qíng)故(gù)事(shi)。

以(yǐ)前(qián)人(rén)们(men)读(dú)《红(hóng)楼(lóu)梦》(mèng)是(shì)
为(wèi)了(le)消(xiāo)遣(qiǎn),现(xiàn)在(zài)它(tā)成(chéng)了(le)一(yì)门(mén)
学(xué)问(wen),人(rén)们(men)把(bǎ)研(yán)究(jiū)《红(hóng)楼(lóu)梦》(mèng)的(de)
学(xué)问(wen)称(chēng)做(zuò)"红(hóng)学"(xué),把(bǎ)研(yán)究(jiū)《红(hóng)楼(lóu)
梦》(mèng)的(de)人(rén)称(chēng)为(wéi)"红(hóng)学(xué)家"(jiā)。

◆ 附录二 练习答案 ◆
◆ 附錄二 練習答案 ◆

Appendix 2 Answer Key

一、

1. 感觉 — 舒适
   感覺 — 舒適
2. 速度 — 流动
   速度 — 流動
3. 飓风 — 灾害
   颶風 — 災害
4. 峡谷 — 山涧
   峽谷 — 山澗
5. 灰尘 — 污染
   灰塵 — 汙染
6. 汲水 — 浇灌
   汲水 — 澆灌

二、

1. b
2. a
3. c
4. a

三、

1. a
2. b
3. c
4. a

二、◆ 新《龟兔赛跑》◆
◆ 新《龜兔賽跑》◆

一、

1. 寓言 — 故事
   寓言 — 故事
2. 说明 — 道理
   說明 — 道理
3. 使劲 — 奋力
   使勁 — 奮力
4. 失败 — 胜利
   失敗 — 勝利
5. 进行 — 比赛
   進行 — 比賽
6. 唠叨 — 说话
   嘮叨 — 說話

二、

1. a
2. b
3. c
4. b

三、

1. a
2. b
3. c
4. b

三、 ◆ 什么是歇后语 ◆
　　 ◆ 什麼是歇後語 ◆

一、

1. 竹篮打水 —— 一场空
   竹籃打水 —— 一場空
2. 对牛弹琴 —— 摸不着头脑
   對牛彈琴 —— 摸不著頭腦
3. 芝麻开花 —— 节节高
   芝麻開花 —— 節節高
4. 丈二和尚 —— 白费力
   丈二和尚 —— 白費力
5. 孔夫子搬家 —— 净书
   孔夫子搬家 —— 淨書
6. 小葱拌豆腐 —— 一青二白
   小蔥拌豆腐 —— 一青二白

二、

1. a
2. b
3. c
4. c

三、

1. a
2. b
3. c
4. c

四、◆ 对联种种 ◆
◆ 對聯種種 ◆

一、

1. 除旧 — 更新
   除舊 — 更新
2. 挽联 — 哀悼
   挽聯 — 哀悼
3. 喜联 — 祝福
   喜聯 — 祝福
4. 驱鬼 — 辟邪
   驅鬼 — 辟邪
5. 平仄 — 声调
   平仄 — 聲調
6. 庙宇 — 园林
   廟宇 — 園林

二、

1. c
2. b
3. a
4. a

三、

1. c
2. b
3. a
4. a

五、◆ 汉字的产生 ◆
◆ 漢字的產生 ◆

一、

1. 萌芽 — 成熟
   萌芽 — 成熟
2. 龟甲 — 兽骨
   龜甲 — 獸骨
3. 目前 — 远古
   目前 — 遠古
4. 结绳 — 记事
   結繩 — 記事
5. 脚印 — 痕迹
   腳印 — 痕跡
6. 推测 — 猜想
   推測 — 猜想

二、

1. c
2. b
3. a
4. b

三、

1. c
2. b
3. a
4. b

六、 ◆ 书的历史 ◆
◆ 書的歷史 ◆

一、

1. 竹简 — 帛书
   竹簡 — 帛書
2. 烘烤 — 蒸发
   烘烤 — 蒸發
3. 丝线 — 装订
   絲線 — 裝訂
4. 汗青 — 史书
   汗青 — 史書
5. 蔡伦 — 造纸
   蔡倫 — 造紙
6. 时代 — 久远
   時代 — 久遠

二、

1. c
2. b
3. a
4. c

三、

1. c
2. b
3. a
4. c

七、 ◆ 风水与迷信 ◆
◆ 風水與迷信 ◆

一、

1. 学问 — 迷信
   學問 — 迷信
2. 凶险 — 吉利
   凶險 — 吉利
3. 罢免 — 升迁
   罷免 — 升遷
4. 失败 — 成功
   失敗 — 成功
5. 健康 — 疾病
   健康 — 疾病
6. 子孙 — 人丁
   子孫 — 人丁

二、

1. a
2. c
3. b
4. a

三、

1. c
2. c
3. b
4. a

八、 ✦ 压岁钱的来源 ✦
◆ 壓歲錢的來源 ◆

一、

1. 辟邪 — 镇恶
   辟邪 — 鎮惡
2. 巫术 — 方士
   巫術 — 方士
3. 龙凤 — 吉祥
   龍鳳 — 吉祥
4. 意义 — 功能
   意義 — 功能
5. 真心 — 祝福
   眞心 — 祝福
6. 社会 — 现象
   社會 — 現象

二、

1. a
2. c
3. a
4. c

三、

1. b
2. c
3. b
4. c

九、 ◆ 花儿与花语 ◆
花兒與花語 ◆

一、

1. 气味 — 芳香
   氣味 — 芳香
2. 色彩 — 鲜艳
   色彩 — 鮮豔
3. 品德 — 高尚
   品德 — 高尚
4. 感情 — 寄托
   感情 — 寄托
5. 穷困 — 潦倒
   窮困 — 潦倒
6. 幸福 — 美满
   幸福 — 美滿

二、

1. c
2. a
3. c
4. a

三、

1. a
2. c
3. a
4. c

十、◆《红楼梦》和林黛玉 ◆
《紅樓夢》和林黛玉 ◆

一、

1. 洁净 — 污染
   潔淨 — 汙染
2. 功名 — 世俗
   功名 — 世俗
3. 伤心 — 忧郁
   傷心 — 憂鬱
4. 出家 — 和尚
   出家 — 和尚
5. 衰落 — 破败
   衰落 — 破敗
6. 体弱 — 多病
   體弱 — 多病

二、

1. b
2. b
3. a
4. a

三、

1. b
2. b
3. a
4. a

✦ 生词索引 ✦
✦ 生詞索引 ✦

Vocabulary Index (Alphabetical by Pinyin)

Pinyin	Simplified Characters	Traditional Characters	Part of Speech	English Definition	Lesson
A					
āi	哎	哎	*int.*	(expressing surprise or disapproval) hey; look out; why	2
āidào	哀悼	哀悼	*v.*	grieve over sb.'s death	4
àoránkāifàng	傲然开放	傲然開放	*id.*	proudly come into bloom	9
B					
bāguà	八卦	八卦	*n.*	the Eight Diagrams	8
bàmiǎn	罢免	罷免	*v.*	recall officials	7
báifèilì	白费力	白費力	*vo.*	futile effort; fruitless labor	3
bǎihuā-diāolíng	百花凋零	百花凋零	*id.*	flowers are fallen and scattered	9
bàinián	拜年	拜年	*vo.*	give New Year's greetings	8
bàn	拌	拌	*v.*	mix	3
bāoluó-wànxiàng	包罗万象	包羅萬象	*id.*	all-embracing; all-inclusive	4
bàozhú	爆竹	爆竹	*n.*	firecracker	4
bēijù	悲剧	悲劇	*n.*	tragedy	10
běn	本	本	*adj.*	original; initial	9
bī	逼	逼	*v.*	force; compel	10
bǐyù	比喻	比喻	*v.*	compare; draw a parallel	3

Pinyin	Simplified Characters	Traditional Characters	Part of Speech	English Definition	Lesson
bìbìng	弊病	弊病	*n.*	drawback	10
bìxié	辟邪	辟邪	*vo.*	exorcise evil spirits	8
bìzhí	币值	幣值	*n.*	value of the money	8
biāozhì	标识	標識	*n.*	mark	8
biétí	别提	別提	*v.*	don't mention	2
bīngqīngyùjié	冰清玉洁	冰清玉潔	*id.*	pure and noble	9
bùjǐnbúmàn	不紧不慢	不緊不慢	*id.*	not in a hurry	2
bùzhòu	步骤	步驟	*n.*	step; move	6

C

Pinyin	Simplified Characters	Traditional Characters	Part of Speech	English Definition	Lesson
Cāngjié	仓颉	倉頡	*prn.*	personal name. Cangjie was the official historian during the reign of the Yellow Emperor	5
Cáo Xuěqín	曹雪芹	曹雪芹	*prn.*	name of an author (1715–1763)	10
cǎocóng	草丛	草叢	*n.*	thick growth of grass	2
chángmìng-fùguì	长命富贵	長命富貴	*id.*	live a long life of abundance and honor	8
chéngshú	成熟	成熟	*v.*	ripen; mature	5
chōngmǎn	充满	充满	*v.*	be full of; be brimming with	4
chǐcun	尺寸	尺寸	*n.*	measurement; length; size	6

Pinyin	Simplified Characters	Traditional Characters	Part of Speech	English Definition	Lesson
chūjiā	出家	出家	v.	become a monk or nun	10
chūtǔ	出土	出土	v.	(of antiques) be unearthed; be excavated	5
chú	除	除	v.	get rid of; eliminate	8
chújiù	除旧	除舊	vo.	get rid of the old	4
chúxíng	雏形	雛形	n.	embryonic form	6
chuǎnqì	喘气	喘氣	v.	breathe heavily; gasp for breath	2
chuàn	串	串	v.	string together	6
chuàngzào	创造	創造	v.	create; produce	5
chúncuì	纯粹	纯粹	adj.	pure	10
cuīrénlèixià	催人泪下	催人淚下	id.	very moving	10

D

dǎjié	打结	打结	vo.	tie a knot	5
dàzhì	大致	大致	adv.	roughly; approximately	5
dānxīn	丹心	丹心	n.	a loyal heart; loyalty	6
dànbó	淡泊	淡泊	v.	not seek fame and wealth	9
dāoguāng-jiànyǐng	刀光剑影	刀光劍影	id.	the glint and flash of cold steel	10
dìlǐ	地理	地理	n.	geographical features of a place	7

Pinyin	Simplified Characters	Traditional Characters	Part of Speech	English Definition	Lesson
diǎnzhuì	点缀	點綴	v.	embellish; ornament	4
dǐngshèng	鼎盛	鼎盛	adj.	in a period of great prosperity	10
duìlián	对联	對聯	n.	antithetical couplet (written on scrolls, etc.)	4
duì niú tánqín	对牛弹琴	對牛彈琴	id.	play the lute to a cow (choose the wrong audience)	3
duìxiàng	对象	對象	n.	target; object	3
duìyìng	对应	對應	v.	correspond; reciprocate	4
duìzhàng	对仗	對仗	n.	a matching of both sound and sense in two lines	4
duōchóu-shàn'gǎn	多愁善感	多愁善感	id.	be sentimental	10

F

Pinyin	Simplified Characters	Traditional Characters	Part of Speech	English Definition	Lesson
fāmíng	发明	發明	v.	invent	6
fānjiǎn	翻检	翻檢	v.	turn over (or up) and check up	6
fǎnpàn	反叛	反叛	v.	revolt; rebel	10
fāngshì	方士	方士	n.	necromancer; alchemist	8
fēnbiàn	分辨	分辨	v.	distinguish; differentiate	5

Pinyin	Simplified Characters	Traditional Characters	Part of Speech	English Definition	Lesson
fénshāo	焚烧	焚燒	*v.*	burn; set on fire	10
fènlì	奋力	奮力	*adv.*	do all one can; spare no effort	2
fēnghérìlì	风和日丽	風和日麗	*id.*	bright sunshine and a gentle breeze	1
fēngqīng-yuèlǎng	风清月朗	風清月朗	*id.*	refreshing breeze and bright moon	1
fēngqīng-yúndàn	风轻云淡	風輕雲淡	*id.*	gentle breeze and thin clouds	1
fēngshuǐ	风水	風水	*n.*	geomancy	7
Fójiào	佛教	佛教	*prn.*	Buddhism	3
fǒuzé	否则	否則	*conj.*	otherwise; if not; or else	2
fúhào	符号	符號	*n.*	symbol; mark	5
fǔlàn	腐烂	腐爛	*adj.*	decomposed; rotten	6
fùyǔ	赋予	賦予	*v.*	endow	9

G

Pinyin	Simplified Characters	Traditional Characters	Part of Speech	English Definition	Lesson
gāncuì	干脆	乾脆	*adj.*	clear-cut; straightforward	2
gāojié	高洁	高潔	*adj.*	noble and unsullied	9
gāoshàng	高尚	高尚	*adj.*	noble; lofty	9
gāoyǎ	高雅	高雅	*adj.*	elegant; refined	9
gēngxīn	更新	更新	*v.*	replace the old with the new; renew	4
gōngfu	功夫	功夫	*n.*	time	2

Pinyin	Simplified Characters	Traditional Characters	Part of Speech	English Definition	Lesson
gōngmíng	功名	功名	n.	scholarly honor or official rank (in feudal times)	10
gōngnéng	功能	功能	n.	function	8
gōngzhěng	工整	工整	adj.	carefully and neatly done	4
gòngfèng	供奉	供奉	v.	enshrine and worship; consecrate	4
guānchǎng	官场	官場	n.	official circles	7
guānfǔ	官府	官府	n.	local authorities; feudal officials	4
guānzhù	关注	關注	v.	follow with interest	10
guījiǎ	龟甲	龜甲	n.	tortoise-shell	5
guìzú	贵族	貴族	n.	noble; nobility	10
guòchéng	过程	過程	n.	course; process	3

H

Pinyin	Simplified Characters	Traditional Characters	Part of Speech	English Definition	Lesson
héfēngxìyǔ	和风细雨	和風細雨	id.	gentle breeze and mild rain	1
héshàng	和尚	和尚	n.	Buddhist monk	3
héxié	和谐	和諧	adj.	harmonious	4
héxīn	核心	核心	n.	nucleus; core	4
hénjì	痕迹	痕跡	n.	mark; trace	5
hōngkǎo	烘烤	烘烤	v.	toast; bake	6
hòu	厚	厚	adj.	thick; large	6
huāyǔ	花语	花語	n.	language of flowers	9

Pinyin	Simplified Characters	Traditional Characters	Part of Speech	English Definition	Lesson
huà	化	化	*v.*	change; turn	7
Huángdì	黄帝	黃帝	*prn.*	Legendary Chinese Emperor (2698-2598 B.C.E.)	5
huí	回	回	*n.*	chapter	10
huìqì	晦气	晦氣	*adj.*	unlucky	7

J

Pinyin	Simplified Characters	Traditional Characters	Part of Speech	English Definition	Lesson
jíbiàn	即便	即便	*conj.*	even; even if	5
jíbìng-chánshēn	疾病缠身	疾病纏身	*id.*	be riddled with diseases	7
jíshuǐ	汲水	汲水	*vo.*	draw water	1
jíxíng	疾行	疾行	*v.*	gallop	1
jíxiōng	吉凶	吉凶	*n.*	good or bad luck	7
jìjiéxìng	季节性	季節性	*adj.*	seasonal	1
jìlù	记录	記錄	*v.*	record	5
jìqiǎo	技巧	技巧	*n.*	skill; technique	3
jìzǎi	记载	記載	*v.*	put down in writing; record	6
Jiǎ Bǎoyù	贾宝玉	賈寶玉	*prn.*	person's name	10
jiǎtuō	假托	假托	*v.*	on the pretext of; under somebody else's name	2
jiānchí	坚持	堅持	*v.*	persist in; uphold	2
jiānr	尖儿	尖兒	*n.*	point; tip	1

Pinyin	Simplified Characters	Traditional Characters	Part of Speech	English Definition	Lesson
jiàntà	践踏	踐踏	v.	tread on	10
jiāoguàn	浇灌	澆灌	v.	irrigate	1
jiàoxun	教训	教訓	n.	lesson; moral	2
jiēlù	揭露	揭露	v.	expose; unmask	10
jié	节	節	n.	segment; joint; section	3
jiégòu	结构	結構	n.	structure; composition	4
jiéshéng	结绳	結繩	vo.	tie knots	5
jiéwěi	结尾	結尾	n.	ending; conclusion	10
jīngāng	金刚	金剛	n.	Buddha's warrior attendant (referring to a monk)	3
jùyǒu	具有	具有	v.	possess; have	8
juǎn	卷	卷	v.	roll up; roll	6

K

Pinyin	Simplified Characters	Traditional Characters	Part of Speech	English Definition	Lesson
kāikuò	开阔	開闊	adj.	open; wide	7
kěxī	可惜	可惜	adj.	it's a pity; it's too bad	2
kèhuà	刻画	刻畫	v.	engrave or draw	5

L

Pinyin	Simplified Characters	Traditional Characters	Part of Speech	English Definition	Lesson
láidejí	来得及	來得及	v.	be in time for something; there's still time	2

Pinyin	Simplified Characters	Traditional Characters	Part of Speech	English Definition	Lesson
láodao	唠叨	嘮叨	v.	chatter; be garrulous	2
láoérwúgōng	劳而无功	勞而無功	id.	work hard but to no avail	3
láoláode	牢牢地	牢牢地	adv.	firmly	2
léitíng	雷霆	雷霆	n.	thunderclap; thunderbolt	8
lìjīng	历经	歷經	v.	go through; experience	9
liànglì	靓丽	靚麗	adj.	beautiful; pretty	9
liáodǎo	潦倒	潦倒	adj.	be frustrated	9
Lín Dàiyù	林黛玉	林黛玉	prn.	person's name	10
língmù	陵墓	陵墓	n.	mausoleum; tomb	7
liūjìn	溜进	溜進	v.	slip into	1
liúcún	留存	留存	v.	preserve; keep	6
liúdòng	流动	流動	v.	flow; going from place to place	1
liúlù	流露	流露	v.	reveal; betray	9
liútōng	流通	流通	v.	circulate	8
lóngfèng-chéngxiáng	龙凤呈祥	龍鳳呈祥	id.	have extremely good fortune	8
lǒng	拢	攏	v.	gather up	10
lòudiào	漏掉	漏掉	v.	leak	3

Pinyin	Simplified Characters	Traditional Characters	Part of Speech	English Definition	Lesson
M					
màntūntūn	慢吞吞	慢吞吞	*adj.*	slow; sluggish	2
máodùn	矛盾	矛盾	*n.*	contradiction	10
mén shén	门神	門神	*n.*	door-god	4
méngyá	萌芽	萌芽	*n.*	sprout	5
mídǐ	谜底	謎底	*n.*	answer to a riddle	3
Mílèfó	弥勒佛	彌勒佛	*prn.*	Maitreya Buddha	4
mímiàn	谜面	謎面	*n.*	clue to a riddle	3
míxìn	迷信	迷信	*n.*	superstition; superstitious	7
miánmián	绵绵	綿綿	*adj.*	continuous; unbroken	9
miàoyǔ	庙宇	廟宇	*n.*	temple	4
mièshì	蔑视	蔑視	*v.*	despise	10
míngliǎo	明了	明了	*v.*	understand; be clear about	3
mónàn	磨难	磨難	*v.*	cause to suffer	9
N					
nèibù	内部	內部	*adj.*	inside; internal; interior	7
nèihán	内涵	內涵	*n.*	intention; connotation	9
nǐrén	拟人	擬人	*n.*	personification	2

Pinyin	Simplified Characters	Traditional Characters	Part of Speech	English Definition	Lesson
niánhào	年号	年號	n.	the title of an emperor's reign	8
niǎnmó	碾磨	碾磨	v.	grind or husk grain or sth. with a millstone	1
nùhǒu	怒吼	怒吼	v.	roar; howl	1

O

ó	哦	哦	int.	(expressing realization and understanding) oh; ah	2

P

píngfēng	屏风	屏風	n.	screen	7
píngzè	平仄	平仄	n.	tonal patterns in classical Chinese poetry	4
pǔbiàn	普遍	普遍	adj.	universal; general	5

Q

qífú	祈福	祈福	vo.	pray for good fortune or happiness	8
qìjié	气节	氣節	n.	integrity	9
qìjīn	迄今	迄今	adv.	up to now; to this day	5

Pinyin	Simplified Characters	Traditional Characters	Part of Speech	English Definition	Lesson
qiānqiānjūnzǐ	谦谦君子	謙謙君子	*id.*	a modest, self-disciplined gentleman	9
qiángzhě	强者	強者	*n.*	the strong	2
qìnrénxīnpí	沁人心脾	沁人心脾	*id.*	gladdening the heart and refreshing the mind	1
qīngshuǎng	清爽	清爽	*adj.*	fresh and cool; relieved	1
qūguǐbìxié	驱鬼辟邪	驅鬼辟邪	*id.*	expel ghosts and exorcise evil spirits	4
qù	去	去	*v.*	remove; get rid of	8
quèqiè	确切	確切	*adj.*	exact; precise	5

R

Pinyin	Simplified Characters	Traditional Characters	Part of Speech	English Definition	Lesson
réndīng	人丁	人丁	*n.*	population; number of people in a family	7
rénshēng	人生	人生	*n.*	human existence and life	6
rénshēng-zhìxiàng	人生志向	人生志向	*n.*	people's aspirations or ambitions	4
rénxìnghuà	人性化	人性化	*adj.*	humanized	9
róng	容	容	*v.*	contain; tolerate	4
ruòzhě	弱者	弱者	*n.*	the weak	2

Pinyin	Simplified Characters	Traditional Characters	Part of Speech	English Definition	Lesson

S

Pinyin	Simplified Characters	Traditional Characters	Part of Speech	English Definition	Lesson
shānjiàn	山涧	山澗	n.	mountain stream	1
shèhuì	社会	社會	n.	society	8
shèjì	设计	設計	v.	design; plan	7
shēngguān-fācái	升官发财	升官發財	id.	win promotion and get rich	7
shēngqiān	升迁	升遷	v.	promote; promotion	7
shībài	失败	失敗	v.	be defeated; lose (a war, etc.)	2
shīqínghuàyì	诗情画意	詩情畫意	id.	poetic charm; idyllic	1
shǐguān	史官	史官	n.	official historian; historiographer	5
shǐjìn	使劲	使勁	v.	exert all one's strength	2
shì	逝	逝	v.	pass away; die	10
shìsú	世俗	世俗	n.	common customs	10
shìtàiyánliáng	世态炎凉	世態炎涼	id.	fickle or snobbish ways of the world	4
shìwù	事物	事物	n.	thing; object	5
shǒufǎ	手法	手法	n.	technique	2
shòugǔ	兽骨	獸骨	n.	animal bones	5
shù	术	術	n.	skill; technique	6
shuāiwáng	衰亡	衰亡	v.	decline and fall	10
shuǐjīng	水晶	水晶	n.	crystal; rock crystal	7
sībó	丝帛	絲帛	n.	silk	6

Pinyin	Simplified Characters	Traditional Characters	Part of Speech	English Definition	Lesson
sīxiàn	丝线	絲線	*n.*	silk thread (for sewing)	6
súyǔ	俗语	俗語	*n.*	common saying; folk adage	3
sùxiàng	塑像	塑像	*n.*	statue	3

T

Pinyin	Simplified Characters	Traditional Characters	Part of Speech	English Definition	Lesson
táofú	桃符	桃符	*n.*	peach wood charms against evil hung on the gate on lunar New Year's Eve in ancient times	4
táoqì	陶器	陶器	*n.*	pottery; earthenware	5
tíkū	啼哭	啼哭	*v.*	cry; wail	5
tǐruòduōbìng	体弱多病	體弱多病	*id.*	be constantly ill	10
tǐxì	体系	體系	*n.*	system	5
tíngtíngyùlì	亭亭玉立	亭亭玉立	*id.*	slim and graceful	9
tóngqì	铜器	銅器	*n.*	bronze, brass or copper ware	6
tóunǎo	头脑	頭腦	*n.*	head; brains	3
tóuzī	投资	投資	*n.*	invest; investment	1
túláo	徒劳	徒勞	*v.*	labor fruitlessly; work in vain	3
tǔlù	吐露	吐露	*v.*	reveal; tell	9
tuīcè	推测	推測	*v.*	conjecture; guess	5

Pinyin	Simplified Characters	Traditional Characters	Part of Speech	English Definition	Lesson
W					
wǎnlián	挽联	挽聯	n.	elegiac couplet; funeral scrolls	4
wànmù-xiāosuǒ	万木萧索	萬木蕭索	id.	trees are bleak and cold	9
wèi	畏	畏	v.	fear	9
wèizhi	位置	位置	n.	seat; location	7
Wén Tiānxiáng	文天祥	文天祥	prn.	Southern Song Dynasty Hero (1236–1283)	6
wūrǎn	污染	汙染	v.	pollute; contaminate	1
wūshù	巫术	巫術	n.	witchcraft; sorcery	8
X					
Xīlà	希腊	希臘	n.	Greece	2
xìtǒng	系统	系統	n.	system	5
xiágǔ	峡谷	峽谷	n.	gorge; canyon	1
xiǎnshì	显示	顯示	v.	show	7
xiànshí	现实	現實	n.	reality	2
xiànxiàng	现象	現象	n.	appearance (of things); phenomenon	1
xiànzhuāng	线装	線裝	n.	traditional thread binding (of Chinese books)	6

Pinyin	Simplified Characters	Traditional Characters	Part of Speech	English Definition	Lesson
xiāng	镶	鑲	*v.*	inlay; set	7
xiāngdāng	相当	相當	*adv.*	quite	5
xiāngguān	相关	相關	*v.*	be interrelated	4
xiāngguān-lián	相关联	相關聯	*v.*	be interrelated	3
xiàngxíng	象形	象形	*n.*	pictographic characters or pictographs	5
xiàngzhēng	象征	象征	*v.*	symbolize; signify	9
xiāo	削	削	*v.*	pare with a knife; peel with a knife	6
xiāoqiǎn	消遣	消遣	*v.*	divert oneself	10
xiāoshī	消失	消失	*v.*	disappear; vanish	1
xiàoguǒ	效果	效果	*n.*	effect; result	3
xiēhòuyǔ	歇后语	歇後語	*n.*	a two-part allegorical saying	3
xiéyīnzì	谐音字	諧音字	*n.*	homophone; homonym	3
xīngshèng-bùshuāi	兴盛不衰	興盛不衰	*id.*	prosperous	7
xīngwàng	兴旺	興旺	*adj.*	prosperous; flourishing	7
xíngshì	形式	形式	*n.*	form; shape	3
xìng	性	性	*n.*	suffix designating a specified quality, property, scope, etc.	10

Pinyin	Simplified Characters	Traditional Characters	Part of Speech	English Definition	Lesson
xìngqù	兴趣	興趣	*n.*	interest	8
xiōngxiǎn	凶险	凶险	*adj.*	in a very dangerous state	7
xiūcí	修辞	修辭	*n.*	rhetoric	3
xiūdào	修道	修道	*vo.*	cultivate oneself according to a religious doctrine	9
xuànlìduōcǎi	绚丽多彩	絢麗多彩	*adj.*	magnificently colorful	9
Xuē Bǎochā	薛宝钗	薛寶釵	*prn.*	person's name	10

Y

Pinyin	Simplified Characters	Traditional Characters	Part of Speech	English Definition	Lesson
yālì	压力	壓力	*n.*	pressure	1
yānyǔ-méngméng	烟雨蒙蒙	煙雨蒙蒙	*id.*	misty and drizzly rain	1
yánhǎi	沿海	沿海	*n.*	coastline	1
yǎnbiàn	演变	演變	*v.*	develop; evolve	5
yǎnmái	掩埋	掩埋	*v.*	bury	10
yànshèng	厌胜	厭勝	*n.*	evil-suppressant	8
yànshèngqián	厌胜钱	厭勝錢	*n.*	fake money that brings luck and wards off evil	8
yāng	殃	殃	*n.*	calamity; disaster	8
yīchénbùrǎn	一尘不染	一塵不染	*id.*	not soiled by a speck of dust; spotless	9

Pinyin	Simplified Characters	Traditional Characters	Part of Speech	English Definition	Lesson
yītuō	依托	依托	*v.*	rely on; depend on	7
yí	咦	咦	*int.*	(expressing surprise) well; why	2
yíshìwúchéng	一事无成	一事無成	*id.*	accomplish nothing; get nowhere	7
yíwéipíngdì	夷为平地	夷為平地	*id.*	raze to the ground; level	1
yǐnzi	引子	引子	*n.*	introduction	3
yínglián	楹联	楹聯	*n.*	couplet written on scrolls and hung on the pillars of a hall	4
yíngzhù	楹柱	楹柱	*n.*	principal columns of a hall	4
yōugǔ	幽谷	幽谷	*n.*	a deep and secluded valley	9
yù	誉	譽	*v.*	praise; honor	10
yùyán	寓言	寓言	*n.*	fable; allegory; parable	2
yuánlín	园林	園林	*n.*	gardens	4
yuánshǐ	原始	原始	*adj.*	original; firsthand	5

Z

Pinyin	Simplified Characters	Traditional Characters	Part of Speech	English Definition	Lesson
zàng	葬	葬	*v.*	bury; inter	10
zàofú	造福	造福	*vo.*	bring benefit to	1
zàozhǐ	造纸	造紙	*vo.*	papermaking	6
zhǎi	窄	窄	*adj.*	narrow	6

Pinyin	Simplified Characters	Traditional Characters	Part of Speech	English Definition	Lesson
zhàn	蘸	蘸	v.	dip in (ink, sauce, etc)	6
zhànjù	占据	占據	v.	occupy; hold	7
zhǎngwò	掌握	掌握	v.	grasp; master	3
zhàng	丈	丈	n.	a unit of length (3.333 meters)	3
zhédié	折叠	折疊	v.	fold; bend or close sth. over upon itself	6
zhélǐ	哲理	哲理	n.	philosophy	9
zhèn'è	镇恶	鎮惡	vo.	suppress evil	8
zhènyà	镇压	鎮壓	v.	suppress	8
zhènyāo	镇妖	鎮妖	vo.	exorcise evil spirit	8
zhēngfā	蒸发	蒸發	v.	evaporate	6
zhǐdài	指代	指代	v.	refer to	3
zhìfú	制服	制服	v.	bring under control	8
zhìliàng	质量	質量	n.	quality	7
zhōngxīn	忠心	忠心	n.	loyalty; devotion	6
Zhōu Dūnyí	周敦颐	周敦颐	prn.	Song Dynasty thinker (1017–1073)	9
zhòufú	咒符	咒符	n.	amulet; magic charm	8
zhòuyǔ	咒语	咒語	n.	incantation; curse	8
zhújiǎn	竹简	竹簡	n.	bamboo slips for writing; bamboo book	6

Pinyin	Simplified Characters	Traditional Characters	Part of Speech	English Definition	Lesson
zhù	蛀	蛀	v.	eat into; bore through	6
zhù	铸	鑄	v.	cast; found (of metal)	6
zhùzhái	住宅	住宅	n.	residence; house	7
zhuǎnyǎn	转眼	轉眼	vo.	in the twinkling of an eye	2
zhuāngdìng	装订	裝訂	v.	bind books	6
zhuàngtài	状态	狀態	n.	state; condition	5
zìlǐhángjiān	字里行间	字裏行間	id.	between the lines	1
zìrán	自然	自然	adj.	natural; nature	1
zìránwù	自然物	自然物	n.	natural beings	2
zìyì	恣意	恣意	adv.	unscrupulous; reckless	1
zōngyǐng	踪影	蹤影	n.	(usu. in the negative) trace; sign	7
zǔzhòu	诅咒	詛咒	v.	curse; swear	8
zuòyòng	作用	作用	n.	action; function	8

Related Titles

Improve Reading Comprehension

The Readings in Chinese Culture Series

Sharpen your reading skills while learning about Chinese culture. Each volume in this graded readers series contains 10 essays of 500–750 characters in both simplified and traditional characters on facing pages. Includes vocabulary lists, related words and expressions, and more.

The Sky Is Bright with Stars
Volume 1, Intermediate Low

Read engaging essays on topics from respect for the elderly to the legends behind Chinese constellations.

How Far Away Is the Sun?
Volume 2, Intermediate Mid

Learn about the perils of Internet dating in contemporary China, traditional Chinese painting, and other Chinese cultural subjects.

The Moon Is Always Beautiful
Volume 3, Intermediate High

Examine important aspects about Chinese society, from the social impact of *The True Story of Ah Q* to a survey of regional dialects in China.

Where Does the Wind Blow?
Volume 4, Advanced Low

Find out about the principles of Feng Shui, the origins of Chinese New Year money, and much more!

Tales and Traditions

Readings in Chinese Literature Series
Compiled by Yun Xiao, et. al.

Read level-appropriate excerpts from the Chinese folk and literary canon.
Volumes 1–4 now available.

Chinese Biographies

By Grace Wu

Improve your Chinese reading skills while learning about world-renowned celebrities. With *pinyin* annotation and free online resources at **www.chinesebiographies.com**.

Related Titles

Build Vocabulary

The Way of Chinese Characters
The Origins of 450 Essential Words

By Jianhsin Wu

Enjoy *The Way of Chinese Characters'* fun and illustrated approach to learning 450 essential Chinese characters through their etymological origins. A perfect companion to any high school and college-level Chinese textbook.

Pop Chinese
A Cheng & Tsui Bilingual Handbook of Contemporary Colloquial Expressions

Compiled by Yu Feng, Yaohua Shi, Zhijie Jia, Judith M. Amory, and Jie Cai

Decipher new expressions as they pop up in contemporary China! *Pop Chinese* contains 1200 popular colloquial idioms and phrases, taken from over 500 popular films, TV series, and contemporary novels and short stories.

Cheng & Tsui Chinese Character Dictionary
A Guide to the 2000 Most Frequently Used Characters

Edited by Wang Huidi

Pave the way for success in writing Chinese with this dictionary. Its 2000 core simplified characters are alphabetized by *pinyin* and provide information on radicals, stroke order, structural classification, and other aspects.

Chinese BuilderCards
The Lightning Path to Mastering Vocabulary

By Song Jiang, Haidan Wang

Master Chinese vocabulary by learning how groups of words relate to each other. Chinese BuilderCards has 768 cards, each featuring a headword, *pinyin*, English definition, radical information, number of strokes, and associated words. Cumulative total: 2100 words culled from the most popular textbooks for learning Chinese.